이렇게 헤어질 수는 없습니다

이렇게 헤어질 수는 없습니다

펴낸날 2025년 9월 30일

지은이 김수정
펴낸이 주계수 | **편집책임** 이슬기 | **꾸민이** 허유진

펴낸곳 밥북 | **출판등록** 제 2014-000085 호
주소 서울특별시 마포구 양화로 156 LG팰리스빌딩 917호
전화 02-6925-0370 | **팩스** 02-6925-0380
홈페이지 www.bobbook.co.kr | **이메일** bobbook@hanmail.net

ⓒ 김수정, 2025.
ISBN 979-11-7223-114-9 (03810)

※ 이 책은 저작권법에 따라 보호받는 저작물이므로 무단전재와 복제를 금합니다.

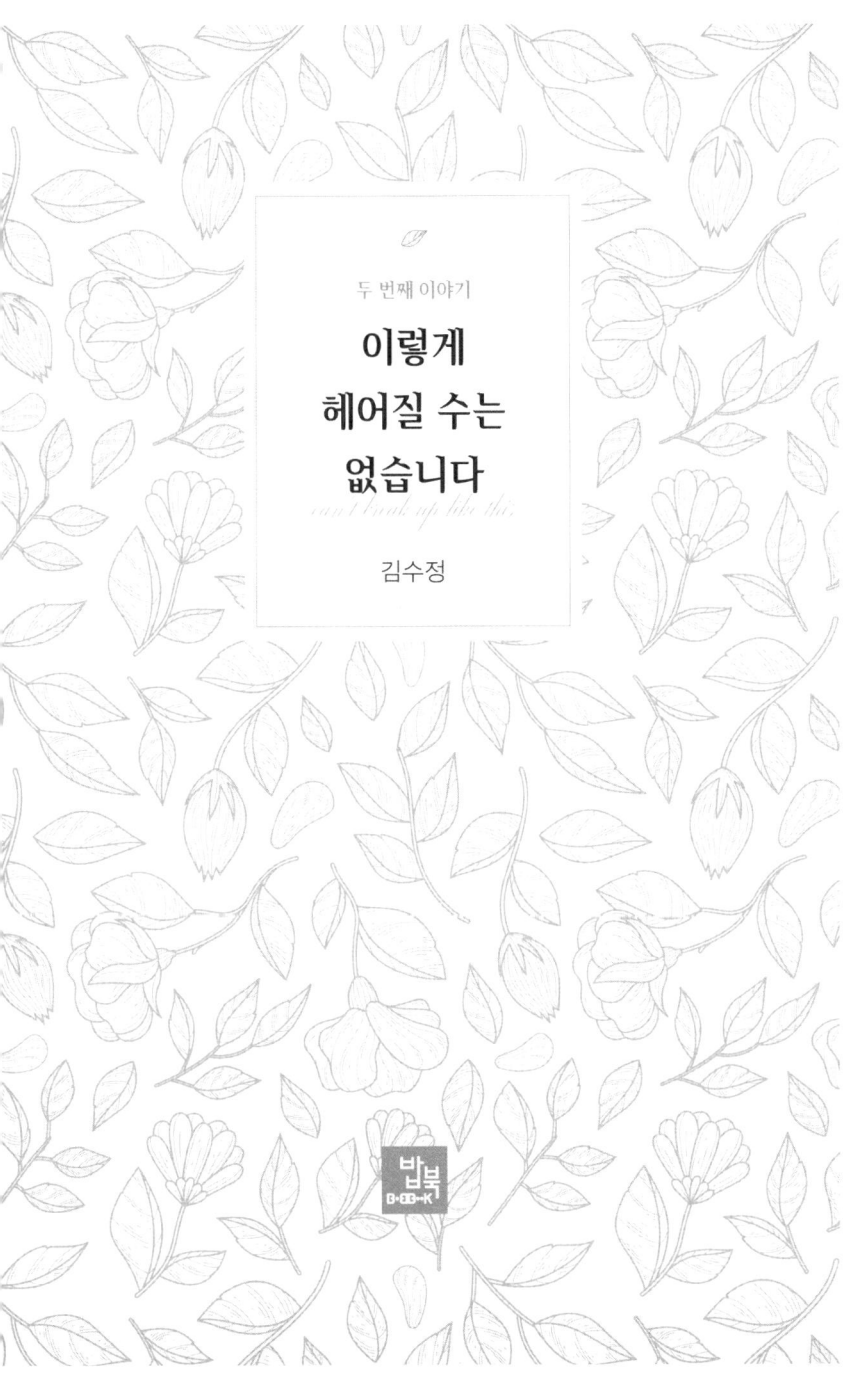

두 번째 이야기

이렇게 헤어질 수는 없습니다

김수정

작가의 말

20대가 넘어서까지도 일기를 썼습니다.
주저리주저리 맥락 없이 감정을 일기에 풀기도 하고, 철부지 자격으로 상상의 나라도 다녀오고는 했지요.
얼마 전 친구가 이런 걸 묻더군요.
"글을 왜 쓰게 된 거야?"
얘기가 하고 싶어서라고 대답해 줬습니다.
그러고 보니 일기를 쓴 것도 대화하고 싶어서 그랬나 봅니다.

2022년에 첫 책 『이야 기분 좋다』가 나왔고
이번에 두 번째 책 『이렇게 헤어질 수는 없습니다』를 내게 됐습니다.

글을 쓰는 것도 심지어 내 책을 내는 것도 막연하게 기대하던 제 인생의 큰 틀에서조차 없던 일이라서
설렘보다는 그저 정신이 아득합니다.
우리가 살아가는 얘기이고 그 속에서 느꼈던 감정입니다.
저의 감정으로 당신을 정중하게 초대합니다.

우리 집 베란다 빨래 건조대에는 빨간 외투와 체크 남방이 걸려있습니다.
체크 남방은 2년 가까이 그 자리를 지키고 있고, 얼마 전에는 빨간 외투가 체크 남방 옆으로 이사 왔습니다.
가끔 빨래를 널면서 쿵쿵 냄새를 맡기도 하고요.
한 번은 빨래를 널다가 투덜대기도 했습니다. 빨간 외투가 체크 남방을 꼭 안고 있지 뭐예요.
이 모습은 저를 무척 속상하게 하거든요.
심통이 나서 빨간 외투 소매를 슬쩍 접어서 안으로 넣었는데 어느 날 보니 다시 원 상태로 돌아가 있더군요.
인정하기로 했습니다.
체크 남방을 향한 빨간 외투의 마음을요.

빨간 외투는 엄마와의 기억이고
체크 남방은 아버지와의 기억입니다.

2025년 여름

김수정

차례

작가의 말 4

1. 후루룩 쩝쩝

맛있게도 냠냠 10 / 아침밥 12 / 믹스커피 13 / 밥상 14

2. 그런 줄만 알았다

아버지가 휴가 오는 길 18 / 용호냐? 21 / 그런 줄만 알았다 24 / 아주 옛날에 26

3. 나는, 우리 아버지가 참 좋다

지킬 수 없는 약속 30 / 심장 33 / 할 수만 있다면, 34 / "괜찮다. 니 아버지는 편하게 갔다" 36 / 나는, 우리 아버지가 참 좋다 37 / passing 40 / 아버지의 남방 43 / 사라져가는 것들 44

4. 사람은 무엇으로 사나?

내 사랑 백석 48 / 너무 질척대 50 / 다짐 53 / 사람은 무엇으로 사나? 57 / 두부 장수 62 / 기차가 다음 역으로 출발한다 65

5. 요양원에는 노인 나무가 산다

나는, 질문한다 70 / 섧다 76 / 요양원에는 노인 나무가 산다 78 / 그때가 되면… 80 / 그렇게 늙어간다 81

6. 검이불루 화이불치

검이불루 화이불치 84 / 영화 '언싱커블' 89 / 영화 '모리타니안' 97

7. 엄마도, 엄마 노릇 하느라 고생했어

"엄마, 결혼기념일 알아?" 106 / "엄마도, 엄마 노릇 하느라 고생했어" 108 / 아버지 승 110 / 기다리고 또 기다리고 111 / 원통하다… 113 / 엄마의 나들이 115 / 친정 가는 길 117

8. 엄마 별

그랴, 120 / 무제 121 / 목단 122 / 너의 이름이 성빈이구나! 124 / 나는, 길을 잃었다 127 / 이렇게 헤어질 수는 없다 130 / 호박전을 우걱우걱 씹고 135 / 우리 엄마 잘 가고 있겠지? 136 / 전화벨 139 / 꽃길 140 / 바람아! 141 / 엄마별 142 / 딸의 기도 143

1장

후루룩 쩝쩝

맛있게도 냠냠

온통 입술을 보라색으로 물들여 가며 가지를 먹고

식감이 재밌는 오이를 먹고

옷춤(옷자락)에 쓱쓱 문질러 무를 베어먹고

달콤 쌉싸름한 찔레도 먹고

아카시아꽃 먹고
덤으로 아카시아 잎으로는 점을 치고
하나 떼고, 나를 좋아한다.
하나 떼고, 나를 싫어한다.
그리고
하나 남은 이파리가
천당과 지옥도 보내줬다.

삘기 뽑아먹고

산딸기 먹고

사루비아꽃 꿀도 빼 먹고

잘근잘근 꼭꼭 씹어서 칡도 먹고

진달래꽃은 녹여 먹고

반은 먹고 반은 남겨 집에 가는 길목에서 땅바닥에 엉덩이
깔고 앉아서는 동무들이랑
맛있게도 냠냠
도시락도 먹었다.

아침밥
풀

식초를 쪼록 붓고
손목에 힘을 빼서 우아하게 원을 그리며 씻어주고
솜털 쥐듯 손에 꼭 쥐고서 물기를 탁탁 털고
초록을 더욱 초록하게 새하얀 접시에 소복하게 얹는다.

여름 동안에는 입김에도 녹아서 사라질 것 같더니
어느새 이렇게 기운을 차렸는지
손끝에 닿을 때면 바스락 소리를 낸다.

빵을 찢고
쨈을 한 수저 뜨고
엄지, 검지, 중지로는 풀을 덮고
약지, 새끼로는 빵을 받치고

아삭… 바사삭
아그작… 쩝쩝
식감이 너무 재밌다.

덕분에
아침 잘 먹었어.

믹스커피

한 모금 꿀꺽 넘어간다.
달콤한 설탕이 혀끝에 와서 닿고 목으로 슬쩍 넘어가면서
코끝에는 향이 남고

간밤에 갱년기가 찾아왔어.
밤새 얼마나 씨름했던지 눈이 벌겋게 충혈됐지.
잠이 부족한 눈꺼풀이 점점 내려와
잠시 커피잔을 내려놓고
눈은 살포시 감고
그대로 가만히 있어야지.
아, 이 한 모금이 뭐라고 말야…. 구름 위에 떠 있는 양 심장이 설레!

감은 눈을 살며시 뜨고
다시 커피잔을 들고
한 모금
한 모금
한 모금
아…
한 모금 남았어.

밥상

나무 도마 위에 양파를 올려놓고 써는 중이다.
사각 또각, 사각 또각, 사각 또각

이번에는 당근이다.
우직 또각, 우직 또각, 우직 또각

지금은 감자를 썬다.
샤락 또각, 샤락 또각, 샤락 또각

저녁밥을 위해 짜장을 준비하는 중이다.
근데 웃음을 참을 수 없어 천장 보고 피식 웃고, 창문 보고 삐죽 웃고, 잠시 바닥을 보고는 픽 하고 웃어버렸다.
아니 글쎄, 지금 나무 도마 위에서 나는 소리가 예사로 들리지 않는 것이다.
참 알 수 없는 게 사람 일이라더니….
하루 이틀이겠는가? 일이 년이겠는가?
무슨 조화인지 나무 도마에서 야채를 썰다가 기억 저편 끝자락에 묵혀있던 오래전의 시간이 냉큼 지금 나 있는 곳으로 달려왔다.

"너는 아버지 해. 나는 엄마 하고."
큰 돌 위에 작은 돌을 올리고, 넓적한 돌 위에는 풀 뜯어다 올리고, 제법 이것저것 차린 게 많아서 가지각색 돌이 즐비하게 널려있다.
"이제 너는 일하러 가야지. 나는 밥하고."

다음 날이 되고 또 다음 날이 되어도 소꿉친구네 집에 놀러 가서 밥상을 차렸다. 칼질도 하고, 국도 끓이고, 나물 반찬도 하고, 소꿉친구랑 맛나게 먹고, 또 먹곤 했다.
친구네 집 어른들은 마당을 쓸어도 우리가 소꿉놀이하던 곳은 그대로 놔두셨다.
바닥에도 있었고, 시멘트로 정리된 높다란 구조물이 있었는데 그곳에도 우리가 차려놓은 밥상이 있었다. 그렇지만 절대로 치우지 않으셨다.
덕분에 우리는 쉬는 날 없이 다음 날이 되어도 나는 늘 밥상을 차려야 했고 친구는 늘 일을 해야 했다.
참 착한 아이라서 내가 까칠하게 굴어도 잘 받아주었다.
수십 년이 지나고
모두가 변하고 많은 것이 변해도, 하나 변하지 않은 게 있다.
여전히 밥상을 차리는 중이다.
지금은 진짜 도마를 쓰고 진짜 칼을 쓰고
그 옛날에는 아무리 먹어도 입으로 뭐 하나 들어오는 게 없었는데 지금은 진짜 밥이 입으로 들어오고 있다.

어릴 때부터 열심히 연습했으니 이젠 제법 유명한 쉐프도 울고 갈만한데 어째 밥상 차리는 실력은 어릴 때보다 더 어렵다.
그때는 뚝딱뚝딱 짠하고 밥상이 차려졌었는데 말이지.
그치만,
꿈이 이루어진 건가?
소꿉놀이가 아니라, 잘하든 못 하든 진짜 엄마가 되어 밥상을 차리는 중이다.

2장

그런 줄만 알았다

아버지가 휴가 오는 길

어릴 적 시골 겨울은 왜 그리도 길던지
엄마는 아버지의 요청에 장독대로 간다.

장독 뚜껑에 살포시 눈이 내리면
맨손으로 시리게 쓸어내리고
꼭꼭 싸맨 비닐을 풀고
대파, 고추, 청강을 치우면
살얼음 동동
영롱한 동치미 무가 보인다.

우리는 각자 한 손에 동치미 무를 들고
아버지는 화롯불을 끌어당기고
무슨 의식을 행하듯 불을 이리저리 기웃기웃하시고
우리는 침을 꼴깍 삼키고 있고
아버지는 한 놈 한 놈 우리들의 눈을 살피시고는

험!
이제 아버지가 휴가 나오던 무서운 이야기가 시작된다.

아버지는 칠흑 같은 어둠에 랜턴 하나 들고
산 고개 고개를 넘는 중이다.
졸린 눈을 비벼가며 산 고개를 넘고 또 넘으니
랜턴 불빛 속에 한 여인이 들어온다.
그 여인은 아이를 업고 있다.

아버지를 졸졸졸 따라온다.
어디를 가냐고 묻는다.
아이가 아프다고 한다.
이미 군 동료들한테 산 넘을 때 여우한테 홀리지 말라는
당부도 들었던 터라
이 여인의 정체가 스산하다.

아버지는 갈 길이 멀다고 걸음을 재촉한다.
그래도 여인은 계속해서 아버지를 따라온다.
아버지는 허겁지겁 정신없이 걷는다.
드디어 멀찌감치 인가의 불이 환하다.
그제야 정신을 가다듬고 옆을 보니
그 여인은 온데간데없이 사라졌다.

허겁!
꽥!

우리는 요란하게 소리를 지르고 이불을 뒤집어쓰고
손과 발이 오그라들던

긴긴 무서운 겨울밤이었다.

용호냐?

불현듯 이런 말씀을 하신다.
"수정아, 아버지는 니 할아버지가 밉다. 아버지가 가면 말이다. 선산은 싫고 호국원으로 가게 해다오. 저쪽 어디 좋게 꾸며놨다고 하더라. 아버지는 거기로 갈란다. 죽어서도 니 할아버지 옆에 안 있을란다."

또 말씀하시고
다시 말씀하시고
요즘은 나를 볼 때마다 말씀하신다.
어느 날은 옆에 있던 엄마가 불퉁스럽게
"애들 힘들게 하네. 거기까지 갈라믄 애들이 얼마나 힘든디…. 애들을 귀찮게 하네."
나야 얼른 중재에 나서야지.
"아냐, 가면 되지 뭐. 괜찮아, 잘 말해볼게."

나는,
알 것 같다.
아버지는 작은아들을 보낸 시련을 누군가에게 원망하고 싶은 것이다.
아마도 발단은 꿈도 책임이 있을 것이다.

하필 엄마는 할아버지가 작은오빠를 데려가는 꿈을 꿨던 것이다.
처음 꿈 얘기를 듣고 '아차' 싶었고, 원망의 타깃이 할아버지에게 가겠구나!
예상은 적중했다.

아버지는 또 말씀하신다.
다시 말씀하시고,
쉬지 않고 말씀하신다.
"수정아, 니 할아버지가 밉다. 아버지는 평생을 니 할아버지 말은 다 옳은 줄 알고 살았다."

그랬구나! 그랬었구나!
우리 아버지가 할아버지를 얼마나 잘 섬겼는지는 온 세상 천지가 다 알고 있다. 모든 심부름을 도맡아서 했기에 내가 산증인이고 내 눈이 모든 걸 봤기에 할 수만 있다면 효자상이라도 안겨드리고 싶다.
우리 아버지가 하도 짠해서 살랑살랑 들어오는 바람이 아버지에게 위로가 되기를 소망하며 물끄러미 아버지를 보고 엄마를 본다.
아버지는 묵묵히 엄마 의료기 침대 옆에서 멸치 똥을 빼고 계시고
늘 그렇듯 엄마는 눈을 감고 고요하게 누워있고…

"수정아, 아버지는 처음 군복무를 광주에서 했었다. 그날도 아버지는 입영소에서 보초를 서고 있었는디 저 멀리서 민간인이 걸어오잖냐. 그래서 바짝 긴장하고 지켜보고 있었다. 어떤 노인이더라. 그 노인이 대뜸 우리를 보고 소리치더라."
"용호냐?"
아버지는 놀라서 자빠질 뻔했다.
"네? 아버지여유?"
"그랴…. 아버지다!"

아…!
이런…, 아버지는 이 말이 하고 싶었던 거구나.
우리 아버지 너무 오래 뜸 들였네. 그려.
뒤늦게 얻은 막내아들과 노인 아버지의 급작스런 상봉이라니. 노인 아버지가 지팡이 옆에 끼고 늦둥이 막내아들 면회 온 날.
당시 우리 아버지가 얼마나 감격했는지는 그다음 말이 들려준다.

"야야… 그때는 차가 흔하지 않아서 거기에 올라믄 걸어와야 되야. 그 노인이 아버지를 보겠다고 여기까지 걸어서 왔더라."

그런 줄만 알았다

"가자!"
"안 가."
"아이고, 야야…, 엄마랑 같이 집에 가자!"
"싫어, 엄마나 가. 나는 죽어서도 이 집 귀신이 될 거야."

엄마와 외할머니의 대화이다.
이 대화를 끝으로 외할머니는 다시는 엄마가 사는 곳에 오지 않으셨다고 한다. 그리고 그렇게 외할머니는 돌아가셨다.
엄마가 그런다.
"니 외할머니가 돌아가셨다는 소식을 듣고 엄마는 뼈마디마디가 다 녹아서 없어지는 줄 알았다."
처음 듣는 얘기이고,
무척 궁금했고,
그래서 묻고 싶었다.
시집온 딸을 그것도 그 옛날에 친정으로 데려가겠노라고 나서시다니?
눈을 동그랗게 뜨고 여쭤봤다.
"왜? 외할머니는 도대체 왜 그런 거야?"
엄마 말이,

사위는 군대 가고 없는 시댁에서 혼자 시집살이하는 딸이 안쓰러워서 그랬다고 한다. 사위가 집에 돌아올 때까지만 친정에 데려가겠노라고 하신 거란다. 우리 외할머니는 상당히 파격적인 분이란 생각이 들었고, 든든하고 멋지다는 생각까지 했으며 한 번도 못 뵌 것이 아쉽기까지 했다.

나는,
그런 줄만 알았다…

아주 옛날에

"애미는 어쩌고 있냐?"
"그냥 있습니다."
"무슨 말을 하더냐?"
"아무 말도 안 하고 있습니다."

엄마에게는 그날도 다른 날과 별반 다르지 않은 날이었을 것이다. 빨래터에 가서 빨래하고 있었고, 누구네 엄마가 어떻다더라 흉도 보고, 뉘 집 자식 못쓰겠구먼 타박도 하고, 아마도 저녁거리는 뭘로 하나 고민도 하고 있었을 것이다. 마침 뉘 집 자식은 그 애미가 낳은 자식이 아니라는 주제로 서로 대화 중이었다고 한다. 옛날에는 흔한 얘기일 수도 있을 것이고.
아마도 우리 엄마도 뭐라고 한 마디 없지 않았을까?
옆에서 빨래하던 아줌마가 그러더란다.
"집이네 신랑도 그런디. 다른 여자가 낳았잖어."

청천벽력이 이런 것이리라.
이 얘기는 다리가 달려서 외갓집까지 전해졌고 외할머니는 득달같이 달려와서 분을 참지 못하고 내 딸 내놓으라고 고래고래 따졌다고 한다. 속은 결혼이니 도로 물리겠노라고, 내 딸 다시 데려가겠다고 난리를 치셨다고 한다.
상상만으로도 대단한 소요 사태였을 것이다.
엄마의 충격도 이만저만하지 않았을까? 어찌하든 양반집에 부잣집 막내아들이라고 알고 시집왔을 테니까.

우리 할아버지는 소문난 호랑이다.
하나 사례를 전하면, 술을 걸친 젊은이들은 할아버지가 계시는 우리 집 앞을 지나가지 못했다고 한다. 우회해서 멀리 돌아서 집에 갔다고 하는데 상당히 말이 안 되는 게 시골 우리 집은 마을 초입이기도 하면서 중심이기도 하다.

그런 호랑이가 밖이 이렇게나 소란스러워도 입을 꾹 닫고 한마디도 안 했다고 하니 그 당시 할아버지 자존심에 어지간히도 면목이 없었나 보다.
딱 하나만 물어보셨다지.
"애미는 어쩌고 있냐?"
큰엄마의 말이다.
"아무 말도 안 하고 있습니다."
"됐다…, 그럼."
그날 할아버지는 꿀 먹은 벙어리처럼 계셨다고 하고, 외할머니는 딸 없이 돌아설 수밖에 없었다고 하고, 우리 엄마는 망부석 마냥 그 자리에 서 있었다고 한다.

엄마가 그런다.
"니 아버지는 다른 형제하고 엄마가 다르다."
사연을 들으니
옛날옛날 아주 옛날에
할아버지는 아들 하나를 더 보겠다고 다른 여인에게서 우리 아버지를 낳았고, 생모에게서 아이를 받고는 돈을 주고 멀리 다른 곳으로 보냈다고 한다.
아, 현실감이 상당히 동떨어져서 어안이 벙벙하다.
불쌍한 우리 아버지,
아버지가 불쌍하다.
세상에서 가장 만만한 존재인 엄마가 없는 세상을 살았다니…. 그래서 그랬나? 내 눈에 아버지는 늘 슬퍼 보였다.

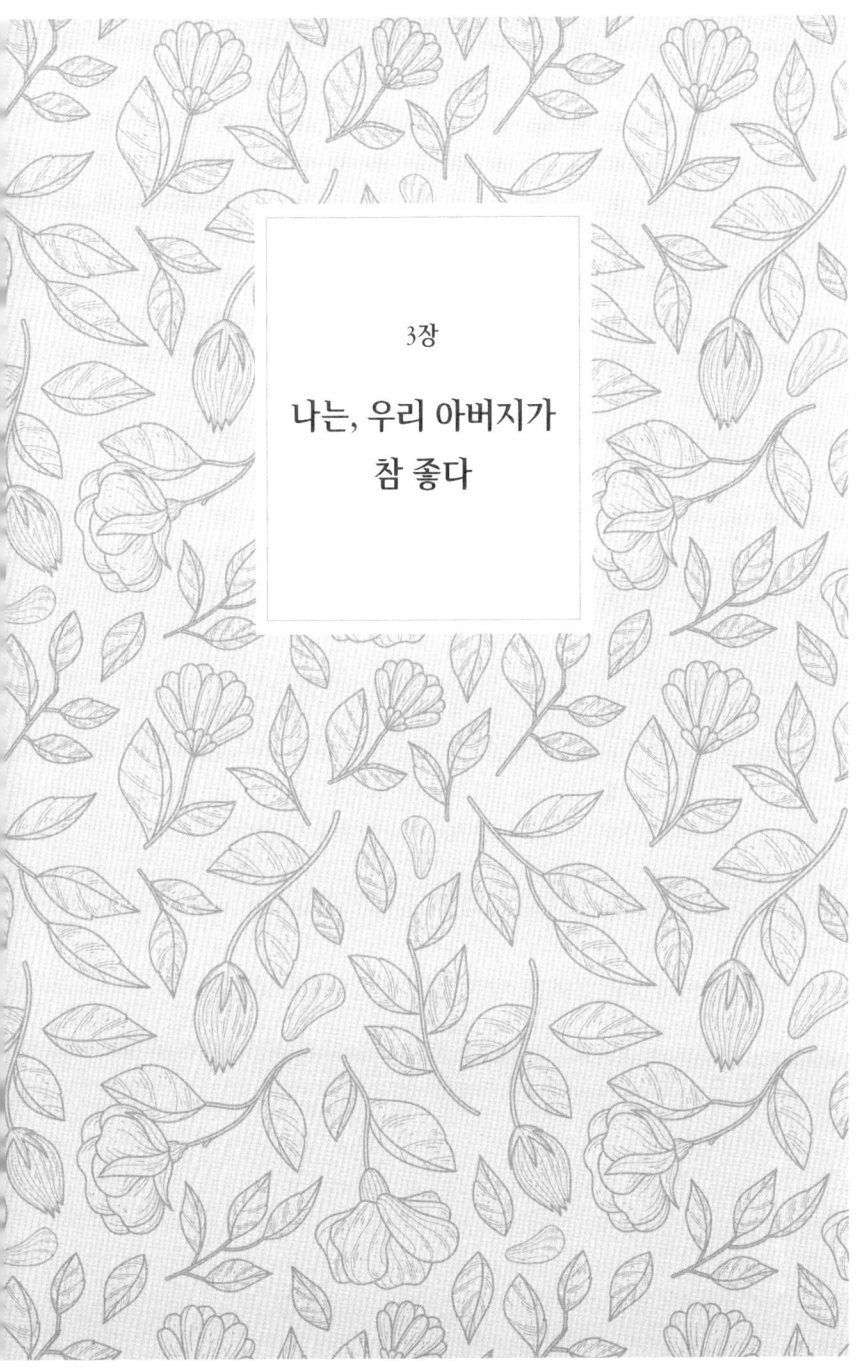

3장

나는, 우리 아버지가 참 좋다

지킬 수 없는 약속

"아버지, 나 봐도 돼?"
"아니."
"멀리 떨어져 있을까?"
"그랴."

상상도, 생각도 해보지 않았지만,
현실은 우리에게 그렇게 너그럽지 않다.

거동을 할 수 없는 아버지는 침대에서 소변을 받아야 했다.
요즘은 기술이 워낙 좋아 의료기도 잘 찾아보면 우리의 편리에 많은 도움이 되는 제품이 다양도 하다.
처음 아버지의 신체를 마주하는 데에는 망설임의 용기가 필요했다.
무엇보다,
아버지에게도 딸에게 당신의 신체를 노출하는 데에는 서글픈 용기가 필요했을 것이다.
우린 그렇게 어물쩍 잘 적응해 갔다.
며칠이 지나고
다시 시골을 찾았다. 아버지는 불편하다.

참 그게…,
누워서 소변은 해결할 수 있었지만,
더 이상 얇아질 수 없어진 피부에는 고정을 위한 접착제가 그 피부에 상흔을 남기고 있었다.
"이게 편하다."
다시, 조상 대대로 사용했을 법한 그 소변통이 유일한 방책이라니…. 윤리만 아니면 사람이 사람도 만들어 낼 수 있다는 이런 세상에 뭔가 불균형하다.

여행을 앞두고 월요일에 시골을 찾았다.
주말에 다녀간 딸이 다시 얼굴을 보이니 아버지가 어리둥절하다.
오늘의 할 일은 불편해진 일상복을 환자복으로 갈아입혀 드리는 것이다.

"아버지, 옷 갈아입을게."
"그랴."
"기저귀도 갈게."
"그랴."
기저귀를 갈면서 사타구니를 포함해 이곳저곳을 물휴지로 닦아드리면서
"아버지, 다음에는 언니랑 와서 목욕시켜 줄게."

"그랴."
"아버지 바로 올게."
"그랴."

여행의 노독 때문인가?
어찌나 나른하던지 주일 예배를 마치고 집에 오자마자 바로 잠을 청했다.
참 평온하게 푹 잤다.
저녁때가 되어 부스스 일어나 거실로 나오니 신랑이 저녁거리로 꺼내놓은 백숙 재료를 주섬주섬 다시 포장하고 있는 게 아닌가.
이유를 알 수 없어 눈을 껌뻑이고 서 있었다.

"장인어른 돌아가셨대."

심장

아버지가 가셨다.
한이 없을 줄 알았다.

아니었다.
사랑에는 최대치가 없었다.

사랑은 해도 부족하고,
보고 있어도 부족한 게 사랑이었다.
생기 하나만으로도 가득 채워지는 게 사랑이었다.

뻥 뚫린 가슴이 자꾸만 질책한다.
아버지는 가고 없는데
어찌하란 말인가!

사진 속 내 얼굴에 미소가 일그러져 보인다.
심장이 온 우주를 지배하고 있음을 새삼 알게 되었다.

할 수만 있다면,

이른 아침부터
찬 바람이 거세다.
천하가 태평세월인 줄
무기력한 블라인드는 자꾸만 쿵쿵 유리창을 박는다.

아침밥을 차리고
친구 전화가 울리고
심산한 심경을
일장 연설로 늘어놓고 나니, 꼭 오물에 빠진 기분이다.

어제까지는
아버지와 이별하고
오늘부터는
아버지의 목소리와 아스라이 멀어질 작정이다.

부모와 자식이
1 + 1 = 1로 만나
0 + 1 = 반쪽만 남기고
허하고 시리고

사진으로 보면 뻥 뚫린 블랙홀이 잘도 보일까?

이생의 질긴 인연 놓기로 작정한 여름
덥지 않고 뜨거워서
밉다고, 밉다고 책망했건만

여름아,
너의 자비였구나!
뜨겁게 달궈서
시린 구멍을 잘도 메꾸려 애쓰고 있었구나!

할 수만 있다면,
뜨거운 여름에 이별하고 싶다.

"괜찮다. 니 아버지는 편하게 갔다"

아버지가 하늘의 별이 되고 난 후
처음으로 혼자서 방문하는 시골이다.
모기장으로 만들어진 문을 열고 한 발을 들인다.
냉장고 바로 앞에 놓인 교자상에 몸을 동그랗게 말고
엄마가 혼자 앉아 있다.
이전과 별반 다를 것도 없는데…
내 속에 잠자고 있던 화산이 폭발하고 말았다.
연신 눈물을 닦아낸다.
엄마를 마주 대할 수가 없어 싱크대로 가고, 안방에 갔다가
아버지의 흔적을 만나고 또 눈물을 닦아내야 했다.
한 번 폭발한 화산은 용암을 다 토해내도록 멈추지 않았다.
한참을 서 있다가 거실로 나온다.
늘 그렇듯 엄마는 두 팔로 노를 삼아 엉덩이를 밀고 조금씩
앞으로 전진하는가 싶더니 등지고 앉아 있는 나를 부른다.

"이리 와 봐라. 우리 애기 한번 안아보자."
그렇게 엄마를 안고 목 놓아 울었다.
"괜찮다. 니 아버지는 편하게 갔다. 내가 걸리는 게 하나도 없다."

나는, 우리 아버지가 참 좋다

소막 앞에 쪼그리고 앉아 담배만 뻐끔뻐끔
마을회관에 웅크리고 앉아 고개는 바닥으로 떨구고
그 옆은 언제나 메리가 지키고
내 시선도 멀찌감치 아버지를 따라다니고.

아버지에게 비밀이 있었다니.
낳아준 엄마 품을 평생 모르고 사셨다니.
아버지의 몸짓에서 보이는
이유를 알 수 없는 짙은 슬픔의 근원이었던가?

엄마는 살림이 어려워도
아버지에게 흰 셔츠와 구두를 신게 했다.
엄마가 할 수 있는 위로였던가?

아버지는 술을 드시면 화가 나 있었다.
누구 하나 잘못 걸리면 아버지의 심판을 받아야 했다.
탐욕스럽고
말도 안 되는 어깃장을 놓고
처자식을 패고

무엇보다,
상놈이 양반을 안 알아보고
당신의 존재가 무시당하면
"이놈의 상것들."
드뎌 힘이 장사인 아버지의 심판이 시작된다.

"수정이 엄마 빨리 와유!"
엄마는 밥을 하다 앞치마를 두른 채 100미터 달리기를 한다.
"수정이 아버지!"
"어? 당신이 여기 왜 있어? 저리 가! 당신 다쳐."
"수정이 아버지, 집에 가유!"
"어? 험, 그럴까?"
희한하게 술에 취한 아버지는 엄마에게는 더없이 순한 양이다.
이제
아버지는 하늘로 훨훨 날아가고 날은 무척 덥다.
우리 속도 허하고, 엄마도 허하고 맛있는 걸 먹어야겠다.
마당에 나가 담벼락 밑에 호박 넝쿨을 휘이휘이 아무리 뒤져도 변변한 놈 하나 찾을 수가 없다. 어쩌지? 하고 있는데 방송이 들린다.

"바나나, 호박, 당근…"

"호야! 장사다!"

냉큼 마을회관에 달려가고
벌써 뒷집 아주머니는 기름을 고르고 계셨고 또 뭐 다른 거 없을까? 트럭을 눈으로 뒤지고 계신다.
트럭 장수 아저씨가 내 존재는 안중에도 없이 쭈뼛쭈뼛 아주머니 곁으로 다가간다.

"여기 할아버지 돌아가셨다지요? 할아버지는 할머니 말이라면 꼼짝도 못 하고 사셨는데…"
아주머니가 어깨를 으쓱하며 말한다.
"여기가 막내딸여유."

passing

작은오빠가 가고
작은언니가 가고
아버지가 가고

나는 얼굴 한 번 본 적 없는데
둘째 오빠가 갔다고 하고
넷째 오빠가 갔다고 한다.

둘째와 넷째 아들을 일찍 잃고 그사이에 낀 아들도 잃을까 노심초사하며 길렀건만, 60살도 못 채우고 그 금쪽같은 아들을 앞세우니 매일이 고통이요. 밥을 먹고 마실 다니는 것도 죄다 싫으니 매일 안정제로 연명하시던 우리 엄마.

"니 오빠들이 새가 됐다냐? 간밤 꿈에 새가 세 마리 날아왔다. 기다란 빨랫줄에 한 마리가 날아와 앉더니 잠시 뒤에는 또 다른 한 마리가 날아오고 어데서 또 다른 한 마리가 날아와 앉더니 셋이 같이 놀더라."

참으로 신기하기도 엄마 곁을 떠난 아들 셋 숫자와 어찌

이리도 딱 맞는지?
맞으면 어떻고 틀리면 어떤가?
"그래? 신기하네. 진짜 오빠들은 새가 됐나 봐."

우리 아버지는 당신도 자식 잃은 설움이 목까지 찼을 텐데…, 불쌍한 엄마한테 은혜 갚아야 한다고 10년을 병수발 하시더니…

일요일 오후 음료수를 쭉쭉 소리까지 내며 드시고
옆 침대에 누워있는 엄마 일으켜 세워 아프다고 하소연도 하시고
이제 좀 위로가 되셨는가…, 한숨 크게 들이키시고
큰아들 드르륵 문 여는 소리에 다리를 바닥에 턱 하니 떨구셨는데…

그게 이별이 됐다.

우리 아버지 이제는 만났으려나?
이 아들도 보고, 저 아들도 보고, 그 아들도 보았으려나?
불쌍하다 불쌍하다 노래처럼 되뇌던 그 딸내미도 봤겠지?
우리 아버지 좋으시겠다.
좋아서 그러시나?

자꾸만 엄마 꿈에 나타나신다.
"나봐, 어여 나랑 같이 가세."
"아유, 나는 더 놀다가 갈라는디…"

아버지의 남방

한여름이지만 집안으로 바람이 제법 들어온다. 태풍이 온다더니 그 덕분인가?
베란다 천장에 매달려 있는 빨래 건조대에 아버지의 남방 하나가 걸려있다.
흰색 바탕에 검정, 주황, 하늘, 파랑이 상하좌우로 큐브 모양을 만들어 내니 그 모양새의 조화가 가히 기가 막히다.
사진을 찍어볼 요량으로 휴대폰을 든다.
등판만 보여주던 남방이 살며시 방향을 틀어 나에게 앞면을 보인다.

'우리 아버지가 내 얼굴이 보고 싶다는 건가? ^^'

살랑살랑 바람이 부는 대로 남방이 나붓거린다.
요 며칠 아버지를 생각하며 처음으로 미소를 지었다.

사라져가는 것들

허리는 숙이고, 손은 깊숙하게 뻗고, 엉덩이는 하늘로 치켜들고
자연스레 눈을 부릅뜨고, 이마에는 주름 한 줌 잡고
엉거주춤 자세로 요란하게 세탁기에서 빨래를 꺼내고 있는 중이다.
제법 무거운 빨래를 들고 씰룩씰룩 걸어가다 문득,
'그랬던 날'들이 심장을 때리고 지나간다.

시골 세탁기는 부실도 하고 무엇보다 여러 잡내를 씻어내기 위해서는 애벌빨래가 꼭 필요하기에 시골 방문할 때마다 엄마와 아버지가 덮던 이불을 양손 가득 들고 날랐었다.
무척이나 좋아하셨다.
특히나 아버지가 무진장 좋아하셨다.

"향기가 난다. 그 아랫마을 그 영감 말이다. 예전에 가보면 말이다. 이불도 그렇고 베개도 그렇고 냄새가 그렇게나 나더라."
"아버지 좋아?"
"말이다 뿐이냐!"

"그래? ^^"

아버지를 웃게 하려고 참 열심히 이불을 들고 날랐다.
물론 시련도 있었다.
일주일에 한 번이면 그리 오래도 아닌데, 일주일 동안 이불에 자리 잡은 냄새를 말끔하게 없애는 데에는 여러 수고를 들여야 했고, 들인 공에 비해 만족감은 무색할 정도로 바람대로 말끔하게 지워지지 않았다. 어떤 날은 하도 억울해서 울먹이기도 했다.

이제 아버지는 사라지고 지금은 이불을 들고 다니지 않는다.
나이를 한참 먹고 나니,
하나둘이 모여 무수한 것들이 사라져 간다. 손바닥에서 모래가 빠져나가는 것처럼 있었던 것이 없었던 것이 되어가고 있다.

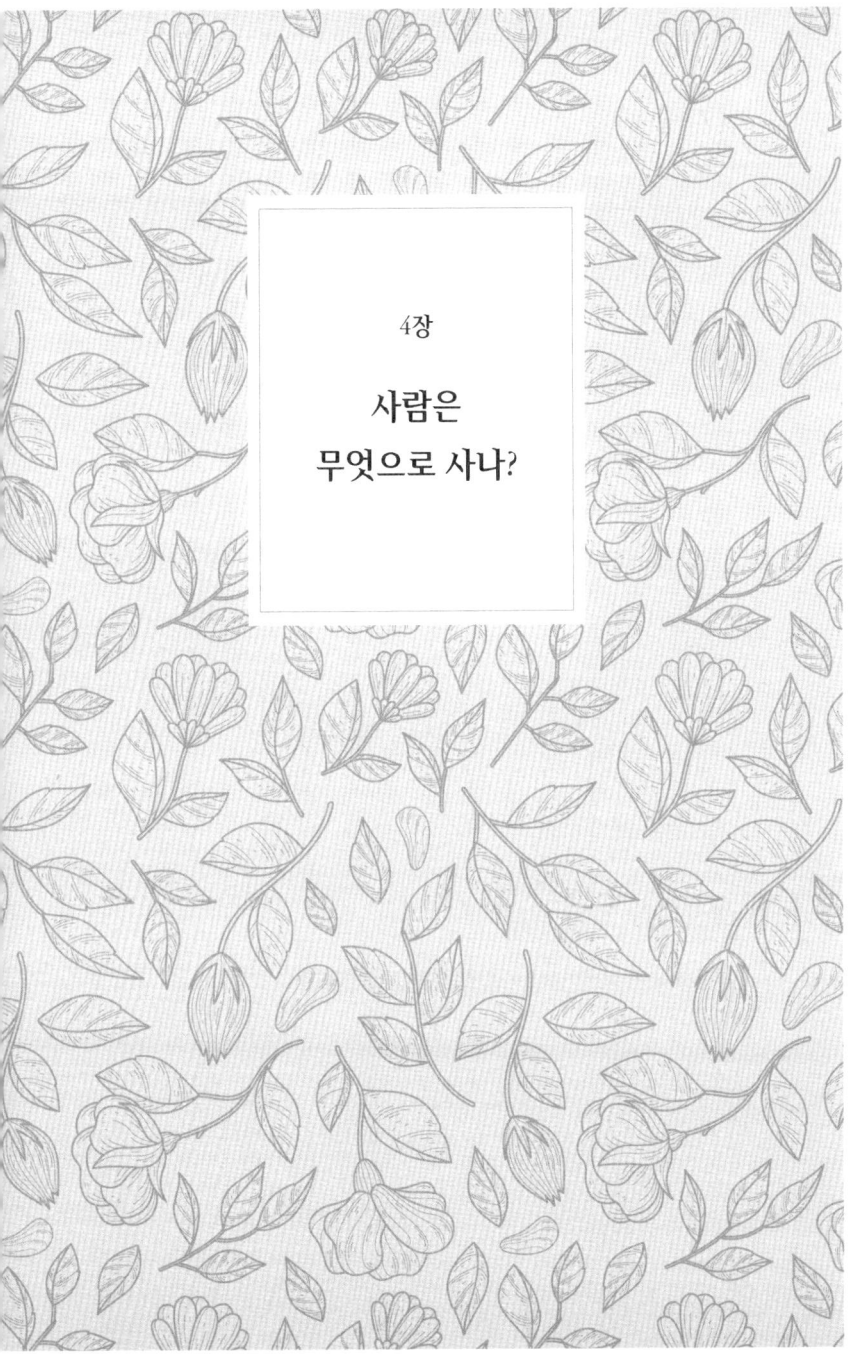

4장

사람은
무엇으로 사나?

내 사랑 백석
시인

그날 아침에도 차디찬 물에 걸레를 빠느라 손이 푸르덩덩 파래서
친척 집엘 가나? 버스에 오른 그 계집아이를 보고
당신이,
버스 한구석에서 울었다고 하니
나도,
소리 내어 끄억끄억 울어요.

봄이 왔는가!
저 먼 산 가득 나의 아카시아꽃이 향긋한데
그 옛날 당신의 아카시아는 물큰 비린내를 냈다고 하니
코를 킁킁 대보았지요.

당신을 다시 보았을 때
머리카락이 바람을 타고 일렁이고 있더만,
스쳐 지나가니
웃는 듯도 하여
더 가까이 다가가니 그 미소가 온데간데없더이다.

인민복 단추를 목까지 채우고
입술 양쪽 끝은 굳어있고
고집스런 콧날
짧은 머리 양옆으로 빗어넘긴
무엇 하나,
당신 것이 아니어요.

당신의 인생이 90년대까지 있었다고 하더이다.
이 소식을 접하고 내가 얼마나 설렜는지…
우리가 족히 20년은 넘게
같은 하늘을 바라보고
같은 공기를 마시면서 같은 언어를 쓰고 있었단 말예요.

다음 세상이 허락한다면,
우리 꼭 한 번 봐요.

너무 질척대

하도 예뻐서 보고, 다시 보고, 돌아서서 또 보고, 저만치 가다 멈춰서 또 보고. 이 세상에서 아기 말고 이렇게 예쁜 게 또 있을까.
보고 있노라면 넋이 나가도 모를 지경이다.
주로 작은 꽃이 한 가지에 오밀조밀 모여있는 꽃이 예쁘다.
참 오래도록 진달래에 목매고 살았다. 색에 취하고, 녹아서 사라질 것 같은 질감에 감탄하고, 무엇보다 봄이 찾아오고 산자락이 분홍으로 물들면 무척이나 심장이 콩닥거린다.
작년에는 튤립에 빠져서 정신이 혼미해지기도 했었다.
모양이 단단하게 단아한데 어찌 꽃잎은 그렇게나 부드럽게 색을 물들이는지 화병에 홀로 있어도 주변을 환하게 가득 메우는 것이다.
한 번은 각각의 다른 색으로 튤립 세 송이를 화병에 담아보고는
가히 미적 완전함이라는 생각까지 했다.

이렇게나 예쁜 걸 보내기까지는 상당한 수고를 들인다.
매일 물을 갈아주고
그때마다 줄기 밑동도 잘라주고

시든 잎은 따주고
꽃잎은 바깥부터 조심스럽게 살며시 뽑아준다.

이렇게나 정성을 들여도 결국에 화병에 있던 꽃은 오래 버텨도 일주일이다.
참 놀랍게도 꽃은 시들어도 여전히 향을 내뿜는다. 그래서인지 쓰레기봉투로 직행하기에는 마음이 불편하다.
이렇게는 보낼 수 없어서,
일단 종이필터를 깔고, 손가락에 힘을 빼서 꽃잎을 따고, 한 잎 한 잎 공기가 들도록 죽 늘어놓는다.
며칠 전에는 우연히 건조대 위에 덜 마른 꽃잎을 올려놨었는데 이틀 지나고는 깜짝 놀랐던 적이 있다.
바스락바스락 소리 나게 바짝 말라 있지 않은가. 손가락 사이로 천천히 떨어뜨리는데 마치 과자 같다는 생각까지 했다. 물론 입으로 가져가는 시늉까지 했다.

이제
투명한 통에 담고 선반에 올려놓고는 생각날 때마다 코를 박고 향을 들이마시는 게 하나의 낙이 된다.
이후
꽃잎이 갈변하고 향까지 사라지게 되면 그때는 미련 두지 않고 가벼운 마음으로 떠나보낸다.

늘 그랬던 건 아닌데 얼마 전에는 처음으로 이런 생각을 했다.

'나, 너무 질척대나?'

다짐
해탈

길게 죽 늘어선 의자에는 적지 않은 사람들이 앉아 있으며 그들 중 대다수가 여자들로 보인다. 그들은 무표정으로 앉아 있고 시선은 한 곳을 정하고 입은 꾹 닫고 고개는 고정이다.

동행한 사람이 남자라면 신랑이겠지? 여자라면, 어쩌면 친구겠고?
그들은 서로 딱히 대화가 없고 어정쩡한 자세로 불안정하게 앉거나 일어서 있다.
어떤 이들의 손에 쥐어진 휴대폰은 곧 바닥 아래로 곤두박질칠 것처럼 위태롭게 매달려 있고, 어떤 이는 새하얀 페인트 벽이 흥미를 끌만 한 게 뭐가 있나 싶은데 그럼에도 벽을 향한 시선은 절대 거둘 기미를 보이지 않는다.

이들 사이의 적막을 깨는 건 왁자지껄하게 대화 중인 간호사들뿐이다. 무슨 이야기를 하는지 서로 얼굴을 맞대고 속닥거리기도, 깔깔 웃기도, 그러다 부지런히 서류를 뒤적이기도 한다.
그리고

금세 건조하게 표정을 바꾸고 친절한 목소리로 누군가를 호명한다.

그녀들이 부럽다.
별다른 것도 없는 하루를 보내고 있는 그녀들이 부럽다. 거리낌 없이 웃고 떠드는 그녀들이 부럽다.
문득
'여기 누군가도 나와 같은 생각을 하고 있지 않을까? 그렇다면 누군가도 나를 보고 있을까?'
고개를 들자 낯선 시선과 마주치고 흠칫 생각을 들킨 것 같아 황급히 자세를 고쳐 앉았다.

몇 해 전이다.
정기적인 건강 검진을 하고 난 후 병원에서 연락이 왔다.
부인과 진료를 다시 봐야 할 것 같다면서 유방을 다시 정밀하게 검사받아 보라는 것이다. 의사가 어찌나 진지하게 말하던지 순식간에 공포심에 잡아먹히고 말았다.

병원 안내에 착실하게 따랐다.
오라고 하면 가고, 몇 달 뒤에 또 보자고 하면 가고, 이제 일 년 기다리자고 하길래 기꺼이 기다렸다.
그러는 동안 날개 달린 상상력이 잠깐 심술도 부려서 결국 내가 하나님과 쎄쎄쎄 하면서 놀고 있는 게 아닌가. 부질없이 자비 없는 상상이를 탓하면 무엇하랴. 살살 달래면서 일년을 잠잠히 기다렸다.

병원이다.
여전히 온통 하얗다.
나를 부를 간호사만 바라보고 있다.
근데 불편하다.
이 현실이 너무 불편하다.
심하게 불편한 나머지 심장이 뒤틀려 짜증까지 유발할 지경이다.

내 이름이 불리고
무거운 다리를 터벅터벅 끌고 진료실로 걸어간다.
그 지경에도 예의상 인사하는 나에게 의사는 내 쪽으로 고개도 돌리지 않고 컴퓨터 모니터만 빤히 보고 있다.
아무 말이 없다.
(불안하다.)
너무 긴 침묵이다.
(조마조마하다.)
의사의 입만 뚫어지라 응시하고 심장이 심하게 벌렁거린다.
(잔인하다.)

그가 나를 돌아본다.
(선고하려나 보다.)
순간 정신이 하얘진다.

"일 년에 한 번씩만 정기적으로 검사하시면 되겠어요."
"네? 네…. 아, 네…, 고맙습니다."

의사가 사무적이면 어때.
얼른 다음 환자를 보고 싶어 하면 어때.
고맙다고 인사할 때 살짝 웃기는 한 것도 같아. 친절하네.

"고맙습니다. 안녕히 계세요."
깍듯이 인사했다. 맘 같아서는 더 인사하고 싶기도 하지만,
지금 필요한 건 어서 병원을 벗어나는 것이다.

병원을 벗어나며 이런 불편에서도 벗어나야겠다고 다짐했다.
후회하지 않기 위해 할 수 있는 걸 해야 했다.
작은 불편은 감수하고 큰 불편은 피해야겠다.
그래서
소심하게 운동한다. 열심히 꾸준하게 한다.
큰 불편을 경험하고 나니
운동이라는 작은 불편은 귀찮은 축에 끼지도 못한다.

사람은 무엇으로 사나?

요즘 EBS 콘텐츠를 즐겨 보고 있는 중이다.
원래 이렇게 좋았나? 왜? 몰랐을까? 진심으로 고민할 정도이다.
특히나 이번에 다시 시작하고 있는 '나의 두 번째 교과서'는 시간을 체크해 가며 시청하고 있다. 아무래도 불특정 다수의 시청자를 겨냥해야 하기에 내용은 쉽고, 간결하며, 대중적이고. 그치만,
진지함과 진정성을 절대 포기하지 않기 위해 이에 적합한 강사를 초빙하고, 또 그 강사는 성의껏 수업을 준비한다.
너무 재미있는 건 그들의 표정이 너무 즐겁다는 것이고 덕분에 보는 내내 알 수 없는 흥겨움은 덤으로 따라온다.

또 다른 콘텐츠도 있다.
세계의 유명한 석학들이 심지어 노벨상 수상자의 강의도 들을 수 있다.
이게 무슨 일인가? 웬 횡재란 말인가!

어젯밤에도 자기 전 습관 따라 티브이멍 좀 때릴까 싶어 리모컨을 들었다.

역시나 먼저는 13번을 선택했다.
화면에는 흡사 당구대처럼 보이는 커다란 탁자 위에 머리가 희끗희끗한 어떤 노인이 양반다리로 앉아서 상체를 요란스럽게 휘저어가며 열심히 강의하는 중이다.
가만 들어보니 '공리주의'라는 단어를 말하고 있다.
그의 질문이다.
"한 소녀가 있고, 그 소녀를 희생시키면 수많은 사람을 살릴 수 있습니다."

당신은 어떤 선택을 할 것인가?
여기에서
소녀를 희생시킬 수 없다고 선택하면 당신은 의무론자이고,
다수를 위한 소수의 희생은 감수해야 한다고 주장하면 당신은 공리주의자라는 것이다.
물론 쉽게 설명하기 위해 어려운 이론을 예시로 들어주는 것이다.
가만 듣고 당당하게 결론 내렸다.
"나는 의무론자야." (우리의 신념은 나약하다.)

강사는 또 말한다.
"여기까지는 쉽지요? 그렇다면 소녀를 고양이로 바꾸겠습니다. 고양이 한 마리가 항체를 갖고 있어서 그 고양이를

죽이면 다섯 마리의 고양이를 살릴 수가 있습니다."

당신은 어떤 선택을 할 것인가?
흠칫 놀랍게도 내가 잠깐 망설이고 있는 게 아닌가.
이런 안 돼. 그 한 마리의 희생도 용납할 수 없다고 생각할 때…
강사가 다그친다.
다섯 마리가 아니고 50마리를 살릴 수 있다면? 아니 천, 만, 십만, 백만… 그렇게 계속 숫자는 거침없이 올라가고, 선택의 갈림길에서 우왕좌왕하다 결국 나의 뇌 회로는 엉켜버리고 말았다.
강사가 진지한 표정으로 이런 말을 한다.
"소녀에서 고양이로, 즉 사람에서 동물로 바뀌었을 뿐인데 당신은 여전히 똑같은 선택을 했습니까?"
또 이어서 말한다.
"목숨을 구할 수 있는 고양이가 다섯 마리가 아니라 더 많은 숫자였을 때도 당신의 선택은 여전히 변함이 없었나요?"

결국 사고력이 뒤죽박죽인 상태로 티브이를 꺼버렸다.
날이 밝고 머리는 찜찜하고 작은애에게 어제 봤던 질문을 던져봤다. 역시나 우리 작은애는 기대를 저버리지 않는다.

작은애가 이런 걸 들려준다. 트롤리의 딜레마란다.
"한 명이 묶여있는 선로가 있고 다른 선로에는 다섯 명이 묶여있어. 근데 지금 기차는 한 명이 묶여있는 선로를 달리고 있지. 엄마는 어떻게 할 거야? 선로의 방향을 바꿔서 다섯 명을 구할 거야 아니면 아무것도 안 할 거야?"

여기서 나는 선택을 했고 작은애한테 책임감이 없다는 비난을 들었다.
"그냥 선택하지 않을래."
"무책임하군. 다섯 명을 살려야지. 착한 사마리아인이 되어야지. 도움이 필요한 사람을 그냥 지나친 사람도 있지만 착한 사마리아인은 지나치지 않고 그 사람을 도와줬잖아."
헉…, 틀린 것도 같고 맞는 말도 같고 묘하게 설득당해서 결국 나는 나쁜 기득권자가 되어버렸다.

또 들려준다.
책 제목은 생각나지 않는다며 또 이런 얘기를 한다.
"온갖 행복과 풍요로 가득 찬 마을이 있어.
근데 이 마을은 하나의 의식이 있는데 아이들이 일정 나이로 성장하면 어떤 지하실로 내려가게 해. 이건 선택이 아니야. 관례로 내려오는 의식이라서 누구도 예외가 될 수 없어. 어른들 손에 이끌려 지하실로 내려가는 거지. 들어가는 입구부터 축축한 공기는 아이들을 한껏 위축시킬 거야. 컴컴한 지하실 문이 열리고 나면 그 안에는 또래의 아이가 있어. 방이나 화장실이나 여타 부엌 같은 시설들이 분리되지 않은 환경에서 살고 있는 거야. 그 아이 몸에는 온갖 오물이 덕지덕지 묻어있지.

이게 다야. 그 광경만 보고 올라오는 거야.

그리고 알게 돼. 그 아이 하나가 지하실에 갇혀있다는 이유로 마을이 풍요를 누리고 살고 있는 거구나.

여기서 또 하나, 그 지하실 아이가 사라지면 지상의 누군가로 교체된다는 사실도 그날 알게 돼.

그래서 일정 나이가 될 때까지 그 마을 어른들은 아이들에게 절대 비밀로 함구하지."

여기서 질문을 받는다. 지하실을 본 후 어떤 선택을 할 것인가?

첫째, 그 아이에 대한 양심의 가책을 느끼지만, 마을의 풍요를 누리고 산다.

둘째, 풍요를 포기하고 그 아이를 구출한다.

셋째, 그냥 도망간다.

작은애가 말한다.

"엄마는 3번일 거야."

두부 장수

두부 장수가 어디로 갔지? 어디로 사라졌지?
"두부, 두부, 두부."
오후 4시경만 되면 딸랑딸랑 종을 울리면서 두부를 외치던 두부 장수가 있었는데 말이야.
마땅히 저녁 메뉴가 떠오르지 않던 차에
"진태야, 진태야, 얼른 가 봐. 현태도 형아 따라가고."
일단은 급하지.
"아저씨, 아저씨, 두부 주세요. 애들 내려가고 있어요."
아저씨의 바쁜 걸음을 멈춰 세워야 해.
"네," 하고
대답했는지는 모르지만,
무뚝뚝하게 그 자리에 서서 딸랑딸랑
"두부, 두부, 두부" 했는데 말야.

따끈따끈했어.
비닐 속에 뜨끈한 두부를 넣고 달랑달랑 들고 오던 두 아들 녀석은 뭔가 대단한 일을 해낸 양 무척이나 신나서 히죽히죽 웃곤 했었어.
두부는 언제나 믿는 구석이었지.

애들 데리고 마트 가는 건 참으로 곤란한 난관이었단 말이야. 그렇다고 둘만 놓고 나가자니 미덥지 못하고 그럼 두부 장수를 믿고 기다렸어.

어느 날부터는 작은애를 혼자 보냈더니 아주 신이 나서 나가곤 했어.
얼마 전에 작은애랑 두부 장수 얘기를 하면서 그때의 가격을 물어보니 정확히는 생각나지 않는데 내가 준 돈이랑 두부랑 맞바꾼 것 같다고 기억하네. 종이돈이었다고 하니 가격은 천 원이겠고 생각보다 저렴하지는 않았나 보네. 그래서 더 맛있었나?

다시 듣고 싶다.
"두부, 두부, 두부."
정말 두부 장수가 타임머신을 타고 현재로 돌아오는 건 어떨까?
딸랑딸랑 종소리를 듣고 아저씨를 불러 세워놓고 두부를 사는 건 어떨까?
인생이야 유수와 같으니 계속 앞으로만 흐르겠지만,
아,
두부 장수가 연어가 되면 되겠다.
거꾸로 흐르는 저 힘찬 연어가 되어보는 생각은 아주 기막

히게 좋은 상상이야.
그럼 나는 뭐 하지?
낚시꾼 할까?
에궁…!

기차가 다음 역으로 출발한다

부드럽게 기차가 간다. 스르륵 느리게 움직이며 못다 한 말 있걸랑 얼른 와서 하라고 재촉하는 양 천천히 걸어간다. 움찔하기도 하지만, 기차가 온전하게 내 앞에 있을 때 뒤돌아서서 내 갈 길을 간다.
떨군 고개 들어 앞을 보고 저쪽 기찻길 건너 황한 공간에 의자 하나에 사람 하나 앉아 있는 풍경이 애처롭다.
'저 청년은 어딜 가나?' 내 감정으로 그 청년을 바라본다.

뭘 해준 게 있나?
날려 보내도 되나?
세상에 나갈 준비를 꼼꼼하게 해줬나?
이것저것 생각하니 부족한 것 투성이라 내 설움에 복받쳐 눈자위가 뜨끈해진다. 누가 보면 또 청승 떤다 질책할라. 아무도 없어서 다행이다.

작은애가 면접 보러 기차에 몸을 싣고 가고 있다.
2년(?) 3년(?)은 더 곁에 두고 준비하게 하려 했는데
작은애는 그만 사회에 나가고 싶다고 한다.
대학 갈 때 덜컹 처음 현실의 벽을 만났고,

이제 두 번째 취업이라는 현실의 벽을 마주하고 있다.
그 벽은 또다시 나를 아프게 나무라고 있다.
선택의 기회도 주지 않고 아이들의 인생의 방향을 내 뜻대로 정해버려서 못난 엄마가 자책에 빠져있다.
"우리 애들에게 어린 시절을 빼앗을 수 없어서 학원에 보내지 않았어요."
무슨 훈장이라도 받은 양 말해왔다. 그때는 그게 옳다고 여겨서 옆도 안 보고 뒤도 안 보고 내 품에 애들을 끼고 내 앞에서만 맘껏 놀아라 자유 아닌 자유를 누리게 했다.
나는 참 독단적인 엄마다.
앞을 봐야 했는지도 모른다. 아이들이 자신의 능력을 바쁘게 살벌하게 찾도록 싸워야 했는지도 모른다. 코를 꿰서라도 고집을 꺾어야 했는지도 모른다.
어쩌면 나는, 감정의 소용돌이가 두려워서 비겁하게 도망친 것인지도 모른다.
그때는 맞고 지금은 틀렸는지도 모르겠다.
그때 그 메아리가 다시 귓가에서 울린다.
'내가 맞나?'

"내가 알아서 할게."
"내가 애야?"
매일 밥 먹듯이 하던 말을 오늘은 하지 않는다.

무슨 맘인지 엄마의 넘치는 참견을 마다치 않고 순하게 받아들이고 있다.

그게 더 짠하다.

손을 잡으면 이만하면 됐지? 싶은 기준이 있는가? 어느 정도 시간이 지나면 알아서 손을 빼더니 오늘은 가만히 손을 잡히고 있다.

승강장 코앞까지 따라가도 나란히 내 걸음에 맞춰 걸어주고 사람들이 서 있는 줄 옆에 서 있어도 그만 가라고 다그치지 않는다.

혹, 기대감에 차서 기차에 오를 때 나를 한 번 봐주려나?

역시 여기까지는 욕심이었다.

그치만,

아마도,

기차 안에서 분명 나 있는 곳을 슬쩍 봤을 것이다.

작은애가 그런다.

"독립이 늦었어. 벌써 해야 했어."

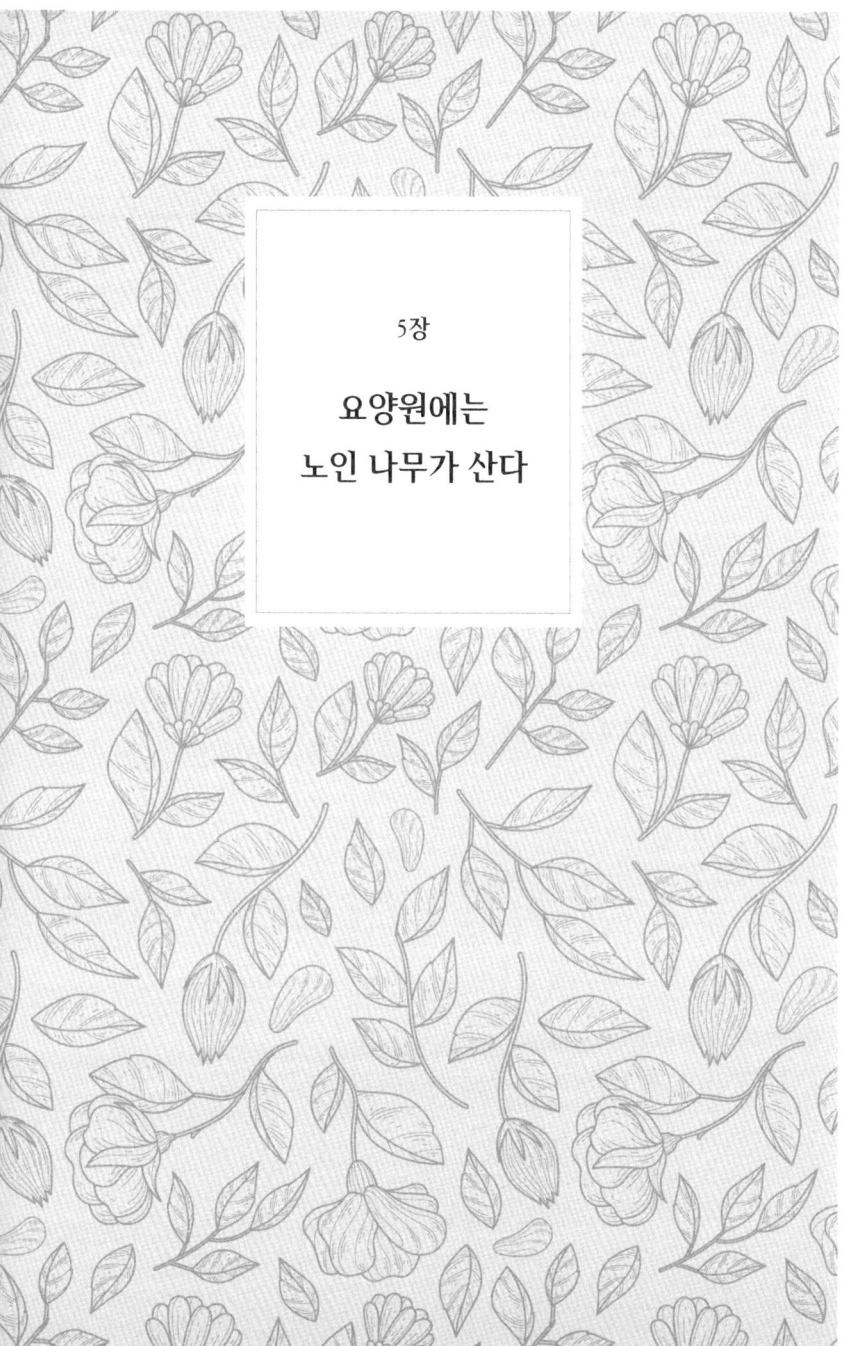

5장

요양원에는 노인 나무가 산다

나는, 질문한다

시기는 기억나지 않는다.
다만 그렇게 오래된 이야기는 아닌 걸로 안다.
몇 해 전부터 젊은 층에게 했던 질문이다.
"부모 부양에 대해 어떤 의견을 갖고 계십니까?"
놀랍게도, 점점 좁혀지던 간격이 지금은 과반을 넘겼다.
"부모 부양에 대한 책임이 없다고 생각합니다."

친구들과 모임을 하면 수많은 수다 주제가 가족에 관한 얘기다.
"우리가 부모를 부양하고, 자식에게는 부양을 못 받는 마지막 세대일 거야. 미리 양로원 알아보자. 아니, 친구들끼리 모여 사는 건 어때?"
다른 친구는 이런 말도 한다.
"미리 얘기해 놨어. 엄마가 치매 때문에 안 간다고 해도 엄마 말 듣지 말고 꼭 요양원에 보내라."
친구 말에 나는 이렇게 대꾸한다.
"어머, 얘. 하라고 안 해도 지들이 다 알아서 한다. 뭘 거기까지 네가 신경을 쓰니?"
"하하하 호호호."

우리는 그때 아주 먼 얘기인 양 깔깔대며 웃고 즐겼었다.
시간은 째깍째깍 달려가고 있고 그 시간은 점점 다가오고 있고
시간이 다 차서 현실과 마주하게 되면 그때도 우리는 웃을 수 있을까?
나는, 모르겠다.

아버지는 몇 주 요양병원에 입원한 적이 있다. 갑자기 결정된 일이라 우왕좌왕 뭘 어떻게 생각해야 하는지…? 머리가 하얘서 영화 보듯이 우선 진행되는 순서에 따라 착실하게 따라갔다.
우리 모두 그랬다.
혼미한 우리의 정신을 깨운 건 아버지의 전화였다.
"아버지 집에 간다. 여기 계속 놔두면 아버지 생으로 죽을 거다."

그날부터 시작된 아버지의 전화벨 소리 띠링띠링.
매일 반복되는 아버지의 전화는 우리의 몸을 바짝 긴장시켰고 특히 나는 더욱 압박감을 느꼈다.
죽는다고 협박하시고,
사랑한다고 호소도 하시고,
어느 날은 어찌나 냉정하시던지 우리의 알랑거림에 무반

응, 무관심으로 일관하셨다.

우리는 몸이 달았다.
아버지께 신속한 퇴원을 약속했지만, 병원은 폐렴을 이유로 퇴원이 불가하다며 며칠 지연시켰고 그동안 우리는 몸이 바짝바짝 타들어 갔다.
매일 걸려 오는 전화에 우리의 정신은 다시 혼란에 빠지고, 혼미해진 정신은 앞뒤 생각 없이 아예 거동을 못 하시는 아버지를 무작정 퇴원시켜야겠다고 결정해 버렸다. 병원에서 내민 각서에 동의하고 나서야 아버지는 병원을 나올 수 있었다.

비밀인데 엄마 말이
나는, 아버지를 많이 닮았다고 한다.

종종 이런 사연의 기사를 만나곤 한다.
"부모님이 재산을 제 남동생에게 다 물려주셨어요. 그런데 남동생이 재산을 받고 부모님을 방치하고 있어요."
이에 관련하여 여러 말이 오고 가는 가운데
꼭 빠지지 않고 등장하는 조언이 하나 있다.
"부모님과 손절하세요."
(물론 사연자의 서운한 심경을 모르지 않는다. 인생 여기

서 거기, 거기서 여기다.)

시골에서 자랄 때, 나이는 나보다 몇 살 위지만 그것과는 상관없이 살갑게 지낸 친구가 있었다. 친구는 학교를 졸업하고 바로 서울에 일하러 갔기에 몇십 년은 얼굴 한 번 못 보고 지냈다.
언제부터인가?
명절날 친정에 가면 아주 맹랑한 목소리로 반겨주곤 했다.
"반갑다. 친구야!"
그 친구네 집에도 가보고 무슨 말인지 모르겠으나 열심히 중언부언했던 기억이 난다.
나중에 내가 어른이 되고 들은 얘기인데
이 친구는 부모님에게서 제대로 돌봄을 못 받고 자라서 늘 배가 고팠다고 한다.
친구는 주린 배를 채우고자 밤이면 이웃집 부엌에서 셀프로 밥을 얻어먹었다고 한다. 그 당시는 다들 형편이 녹록하지 않던 시절이라 친구의 행동이 불편한 심정이야 두말하면 잔소리지만 차마 나무랄 수가 없었다고 한다.
또, 우리 뒷집은 아버지 대신 할머니가 손녀 둘을 맡아서 키우셨다.
기억하기로 뒷집 할머니는 쩌렁쩌렁한 목소리로 매일 손녀를 혼내셨는데, 엄마 말로는 언제 한번 웃는 얼굴로 손녀를 대하는 걸 본 적이 없다고 한다.

그런데 말이다.
이 두 집안에 어른들의 노후는
내 친구가, 또 우리 뒷집의 그 손녀가 살뜰하게 챙기고 있다는 것이다.
어떻게 그럴 수가 있을까?
정작 본인들은 글쎄 너무 받은 것이 없지 않나?
유산 안 줬다고 부모와 손절하라고 조언하는 게 요즘 세상인데…
그럼 이 두 사람은 천사가 사람으로 둔갑했단 말인가?
엄마가 이런 말을 했었다.
"천한 것이 귀하게 되고, 귀한 것이 천하게 된다."

다른 얘기를 하자면,
아주 옛날 내 고향에서는 여기저기 온 동네에 조롱받던 집안이 있었다.
자산가인 부모가 돌아가시고 장례를 치르던 중에 부모 재산으로 형제들이 말다툼했고 급기야는 형제간 칼부림 사건이 일어나고 말았다. 불행하게도 그 현장에는 우리 동네 어른들이 다수 계셨다고 한다.
한동안 우리 마을에서는,

그 못난 자식들을 향한 온갖 욕이 난무했고 잊을만하면 다시 등장하여 또 욕을 먹었다. 당시는 있을 수 없는 희한한 사건이었기에 어른들의 심기를 단단히 불편하게 했던 모양이다.
슬프게도 요즘에는 비일비재하여, 지금은 듣고 싶지 않아도 듣지 않으려고 해도 이런 사건은 기사로 종종 등장하여 아주 잘 듣고 있다.

나는,
부모 부양 의무가 없다고 말하는 지금을 사는 젊은이들에게 이렇게 묻고 싶다.

"부모 부양 의무는 없고, 부모 재산 권리는 있나요?"

섧다

"아줌마 요양병원 가실래요?"
사전에 나랑 얘기가 오간 것도 없이 뜬금없이 상예가 그런 말을 한다.
싱크대에 서 있던 나는 미동도 없이 엄마를 주시한다.
솔직하게는 오래전부터 무척이나 궁금했지만,
차마, 진지하게 묻지를 못한 이유는 분명 엄마는 우리가 원하는 대답을 할 것으로 생각한 탓이다.
무슨 꿩이 그런다지?
머리만 땅에 박고 엉덩이는 하늘로 치켜들고는
'꿩 없다.'
나도 분명 엄마 가까이 있으면서 단지 시야에서 살짝 벗어났을 뿐인데 마치 그 자리에 없는 양 숨도 죽이고 몸도 곧추세우고 뻣뻣하게 부동자세로 귀만 쫑긋 세우고.

"그럴까?"
엄마 대답이다.
심마니의 '심 봤다' 외침보다 내 걸음이 더 빨랐을 것이다.
"엄마 요양병원 갈 거야?"
"그랴, 가볼까?"

"진짜? 가고 싶어?"
"그랴."
"엄마, 오빠한테도 얘기해야지."
"그랴, 얘기해 봐라."
"……."
"긴 병에 효자 없다. 엄마 아픈 지가 몇 년이나 됐냐? 아이구, 그랴. 그 정도 됐을 것이다. 10년이나 됐구나."
옆에서 가만히 우리 말을 듣고 있던 상예 눈이 벌겋게 충혈된다.
엄마 눈도 벌겋다.
엄마가 흐르는 눈물을 손으로 훔친다.
아,
엄마는 내가 원하는 걸 들어주고 싶었던 것이었다.
"엄마, 서러워?"
"아니…"
"근데 왜 울어?"
"아니다."
"가지 마. 집에 있어."
"그랴. 집이 좋지. 니들이 힘들어서 그렇지."
"아냐, 힘들 것도 없어. 큰오빠가 매일 매일 와야 하니 그게 걸리지."
"그랴, 어차피 갈 거 해 있을 때 가거라…"

요양원에는 노인 나무가 산다

나무가 산다.
비가 오면 오는 대로, 눈이 오면 오는 대로, 햇빛이 쏟아부으면 그러는 대로 뿌리를 땅에 박고 옴짝달싹하지 않는다.
가지를 싹둑싹둑 잘라 가도
몸통에 구멍을 내서 단물을 쏙쏙 빼가도
잎사귀를 똑똑 따서 가져가도

나무는 말이 없다.

노인이, 나무가 되었다.
침대는 땅이 되고
몸통은 뿌리가 되고
팔이 가지이고
눈빛은 햇살이고
입술은 열매이다.

열매가 맛나 자식들 문지방이 닳도록 드나들더니
열매가 생기를 잃고 단맛도 사라지니
자식들이

노인 나무를 요양원으로 옮겨 심는다.

노인 나무는 말이 없다.

그렇게 요양원은 노인 나무로 빽빽하게 숲을 이루고 있다.

그때가 되면…

현태야!
엄마도 외할아버지와 외할머니만큼 산다면?
우리 엄마랑 아버지가
얼마나 아팠는지,
서러웠는지,
외로웠는지,
서운했는지,
얼마나 공포스러웠는지…
그때가 되면 알겠지?

현태야!
나중에 현태가, 엄마만큼의 나이가 되면
지금 엄마가 병약한 부모를 어떤 마음으로 바라봤는지,
얼마나 아프게 애를 끓였는지
그때가 되면 현태가 알게 되겠지?"

그렇게 늙어간다

인생이 이리도 허망하다니
50줄에 들어선가 했더니
어느새 중반이라니
눈꼬리는 아래로 내려가고
콧등에 반짝이는 언제 사라졌는지
대신 팔자 주름이 코를 호위하는구나.

립스틱이 입술을 달래보고.
그치만, 가뭄으로 갈라진 바닥이
비가 와 봐라
틈으로 사라지는 빗물이 야속하다.

립스틱아,
너무 애쓰지 마라!
이렇게 늙어가는 거야.

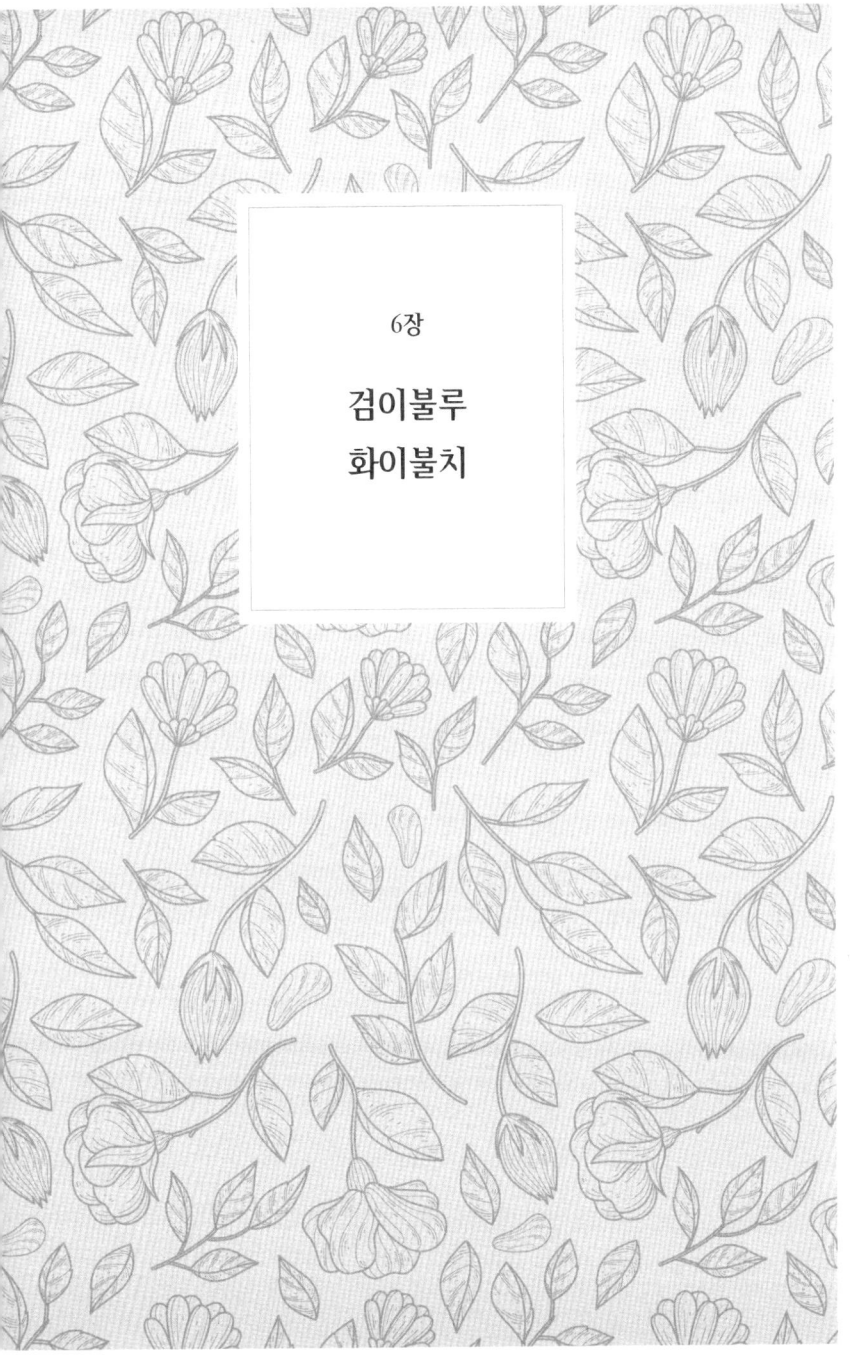

6장

검이불루
화이불치

검이불루 화이불치

어릴 적에는 어른들이 하라고 해서 많은 아이들이 그리하듯 나도 그래야만 하나 보다 했다.
그래서,
등교도 같이하고, 하교도 같이하고
운동회 연습 때는 달리기가 무서워 같이 화장실에도 숨어보고
새 학년 새 학기가 되면 내 짝꿍은 그 아이고.

워낙 낯을 가리는 아이라 철부지들은 그 아이를 달가워하지 않았고, 못난이 남자애들은 어디 힘자랑할 데가 없어 그 아이에게 언어로 상처를 입히곤 했다.
나는 키도 크고 생긴 것도 누구에게든 모자라지 않고, 철부지 시절이라도 못난이들은 이런 나를 가벼이 여기지 않았지만, 그럼에도 나는 홀대당하는 그 아이에게 힘이 되어주지 못했다.

이제 우리는 오십 중반을 넘어가고 있다.
"왔니? 이리 와서 밥 먹어."
"먹고 왔어."

"한 술만 더 떠!"

몇 번을 더 권해도 애는 계속 거절 중이다.
"아유, 고집은…"
결국 포기하고 먹던 밥을 계속 먹는다.
한 번은 마트에서
계산을 마치고 나니 마트 직원이 사은품이라며 세제를 준다. 뭐 브랜드도 딱히 눈에 익지 않고 어차피 나에게도 공짜라 좋지만, 얘한테는 더 좋은 공짜겠지 싶어 세제를 건넸다. 바로 칼같이 거절당했다.

따스한 기운이 완연한 새봄이 찾아왔다.
엄마가 그런다.
"엄마가 내년에도 봄을 보려나?"
나는 이렇게 대답한다.
"^^"
엄마에게 좋은 것이 무엇인지 갈수록 판단이 서지 않고 있으니 점점 어떤 약속도 어떠한 명쾌한 대답도 부질없어져 간다.
엄마를 봐도 점점 할 말이 없어지고 엄마는 더욱 침대에서 내려오지 않으려 하고 우리는 곁에 있어도 서로의 숨소리로만 소통할 뿐이다.

오늘도 무슨 기계인 양 마트에 다녀온다며 나가는 참이고 역시나 얘가 동행하고 있다.
나와보니 새삼 지천에 봄꽃이 가득하다.
우리 엄마가 꽃을 얼마나 좋아하는데
체면상 거리에 핀 꽃을 꺾을 수는 없고 마트에 가서 꽃을 사기로 했다.
얘가 그런다.
"꽃이 얼마야?"
"얼마 안 해."
지갑을 여니, 5천 원과 천원 몇 장 사이에서 제일 큰돈인 5천 원을 건네며 말한다.
"이거면 될까? 나도 아줌마한테 꽃을 사드리고 싶은데."
"충분하지."
내 돈도 합해서 푸짐하게 꽃을 들고 오니 얘가 무척 좋아한다.

아버지가 하늘로 날아간 후부터는 좀 더 자주 시골을 방문하고 있다. 마음으로 다잡기는 최소 일주일에 한 번은 방문하려고 노력하고 있는데 내 맘과 다르게 엄마는 내심 더 자주 보고 싶어 하신다.
그치만, 길게 봐야 하는 일이라서 나도 지치지 않기 위한 궁여지책으로 일주일에 한 번으로 정해놓을 수밖에 없었다.

아버지가 가고 엄마는 점점 말수가 줄어들고 아버지가 안 계시니 더욱 약 의존도만 높아지고 있다.
삶의 희망도 애착도 없는 엄마에게 내가 해줄 수 있는 게 딱 하나 있는데 그건 엄마 앞에서 밥을 먹는 것이다.
그래서 꼭 애를 불러서 같이 점심을 먹는다. 물론 준비는 내가 해서 애를 부르는데 식성이 어찌나 까탈스러운지 맞추는 데에 쫌 신경을 써야 한다.
짜잔, 오늘은 삼겹살이다.

손바닥에 살포시 상추를 올리고
그 위에 잘 구워진 삼겹살을 얹더니
살짝 양념을 걷어낸 김치를 덮고는
쌈장은 아주 조금만 찍어서
자그마한 입을 아주 쪼맨하게
아…, 하더니
각각의 손가락 하나하나가 움직여 상추 한 쌈을 제법 크게 먹는데,
그 모습이 정갈하더라.
절제되고, 조심스럽고, 느리지만 답답하지 않고…, 정갈하더라.
오물오물 열심히 씹더니 조용하게 한마디 한다.
"삼겹살이 맛있어."

"그래? 더 먹어."
"아냐, 배불러."
한 번 내려놓은 밥숟가락은 절대 다시 들지 않는다.

요양보호사가 바뀌고부터는 시골 냉장고에 죽이 다양하다. 요양보호사님이 열심히 끓여 놓고 있는데 자꾸만 나보고 가져가란다.
엄마가 드실 걸 가져가라니 맘이 불편한데 또 굳이 자꾸만 말하니 그걸 거절하는 것도 또 불편하여 가져오곤 한다.
특히나 팥죽이 맛있었다.
"요양보호사가 죽 가져가라는데 지난번 먹어보니 맛있더라. 너 가져갈래?"
"아냐, 우리 엄마 죽 안 좋아해."
"그래? 그럼 할 수 없고. 근데 아줌마는 요양보호 비용 얼마나 내니?"
"우리는 기초생활수급자라 안 내지."
"아…"

이전에도 몇 번 들었는데, 늘상 얘가 기초생활수급자라는 사실을 까먹는다.

영화 '언싱커블'

낡고 허름한 창고가 보인다.
그 안에는 40대 정도로 보이는 중동계 한 남성이 서 있다.
몸이 가만히 있지 못하는 것을 보니 상당히 긴장한 것 같고, 콘크리트처럼 굳은 얼굴을 보니 당황한 기색이 역력하다.
공사하다 멈춘 듯한 장소에 중심을 잃은 듯 보이는 중동계 남성이라니 이 두 조합만으로도 폭풍 전야의 고요 같은 공포가 밀려온다.
그가 카메라를 향해 말하기 시작한다.
더듬더듬 자신의 영어 이름을 말하고
이번에는 태연하게 자신의 중동계 이름은 유수프라고 밝힌다.
이어서 결연한 표정으로 이런 말을 한다.
"핵폭탄 3개를 도시 3곳에 숨겨뒀다. 앞으로 삼 일 뒤면 폭발할 것이고 그걸 찾고 싶으면 내 요구를 들어야 한다. 첫째 이슬람 국가의 독재자와 괴뢰 정부에 주어지는 모든 지원을 차단하라. 둘째 모든 이슬람 국가에 파견된 미군을 철수하라!"
그리고 현장에 있던 폭탄 하나를 터트려버린다.

화면이 바뀌고,
폭파범 유수프가 천장에 매달려 있다. 손발이 묶이고 그의 작은 체구의 몰골이 처참하다. 좀 전에 호기롭던 모습은 온데간데없다.
미국 정부와 군 정보 관련 요원들이 보이고 그들은 심각한 표정으로 유수프를 바라보고 있다.
한 요원이 묻는다.
"당신의 요구가 뭔가요?"
동료 요원이 대신 대답한다.
"대통령한테 자기 영상을 보여주랍니다."

철컹 문이 열리고 정부 관계자들이 일제히 문 쪽으로 시선을 돌리더니 등장한 남성을 보고는 갑자기 그들의 눈빛이 이리저리 동요한다.
우람한 체격의 흑인 남성은 자신이 환영받지 못하고 있다는 걸 잘 알면서도 전혀 아랑곳하지 않는다. 저벅저벅 계속 걸어온다.
정부 관계자들의 언성이 높아지고 누가 저 사람을 불렀는지 책임을 추궁하는 와중에 흑인 남성은 누구의 제재도 없이 유수프 곁으로 다가가고 그의 얼굴을 덮고 있던 복면을 벗겨버린다. 이런 황당한 상황에 유수프 옆에 있던 군인이 항의하자 다짜고짜 그 군인에게 몽둥이질을 해버린다. 순식간에 벌어진 일이라 지켜보던 수사관들은 충격에 빠지고 현장은 아수라장이 되어버렸다.
그 흑인 남성은 악명 높은 고문관 에이치였다.

그 현장에는 유일한 여성 FBI 요원 헬렌이 있다.
그녀가 고래고래 소리를 지른다.
"합법적으로 하세요. 제네바 협약을 준수하세요."
그러나 에이치는 상관하지 않는다. 그의 고문 기술은 계속된다. 전기로 고문하고, 손가락을 하나하나 소방 도끼로 찍고, 남성의 성기에 칼을….
헬렌이 울부짖는다.
얼굴을 일그러트리고 괴로워하며 제발 멈추라고 소리친다. 에이치를 괴물 보듯 비난을 퍼붓는다.
에이치는 그녀의 비난이 상당히 억울하지만, 어떤 말도 하지 않고 나가버린다.

에이치가 나가고 헬렌이 유수프에게 다가간다.
그녀가 울면서 빈다.
폭탄의 위치를 제발 말해달라고 애걸한다.
울고 있는 헬렌을 보던 유수프의 눈에서도 눈물이 흐른다.
그가 부드럽게 말한다.
"쇼핑센터에 폭탄이 하나 있어요."

사이렌이 요란하게 울린다.
정부 요원들이 현장에 도착하고 많은 인원들이 열심히 폭탄을 찾아다닌다. 그러나 성과가 없다. 어디에도 폭탄은 보이지 않고 점점 마음은 조급해 오고 몇몇 사람이 옥상으로 올라가고 그곳에 도착하자 한쪽 끝에서 정체불명의 뭔가가 움직이는 것이 보인다. 요원이 다가가 보니 그건 다름 아닌 유수프의 사진이 불어오는 바람을 맞으며 펄럭이고 있는 것이다.
젊은 요원 하나가 조심스럽게 사진을 들추니 이렇다 할 수상한 점이 발견되지 않아서 사진을 떼어낸다.
펑,
폭탄이 터졌다.
그 종이는 처음부터 요원들을 기다리고 있었던 폭탄 버튼이었다.

헬렌의 얼굴이 절망으로 일그러지고 있다.
칼을 든다.
고문실 문을 연다.
그리고 유수프의 가슴에 칼을 깊숙이 찔러 넣고
유수프는 헬렌을 보면서 웃고 있다.

이제는 잔혹한 고문관 에이치를 막을 사람도, 명분도 모두 사라졌다.

에이치가 큰 소리로 말한다.

"유수프의 아내를 데려오세요."

이 말을 듣는 유수프의 표정이 평온하다.

그럴 만도 한 것이 테러를 벌이기 전부터 그의 가족들은 이미 다른 나라로 도피해 버렸기 때문이다. 지금쯤이면 가족들은 해외 어딘가에 안전하게 있다고 믿고 있는 유수프의 눈앞에 질질 끌려오는 아내가 보인다.

유수프가 유령을 본 듯 발악한다.

에이치는 공포에 바들바들 떨고 있는 유수프의 아내를 그가 잘 볼 수 있도록 유수프의 앞에 세우고는 한 치의 망설임도 없이 그녀의 목을 칼로 베어버린다.

유수프가 괴물의 소리를 낸다. 묶인 몸을 바닥에 박고 있다. 다시 현장에 있던 요원들이 술렁이고 패닉 상태에서 서로에게 책임을 떠넘기기에 급급하다. 더 이상 합류할 수 없는 요원들이 빠져나가고 그로 인해 현장의 책임자가 바뀌면서 요원들은 다른 인물들로 채워진다.

이 광경을 고문관 에이치는 무슨 신기한 것을 구경하는 양, 즐기는 것처럼 보고 있다.

이렇게 성과 없이 우왕좌왕하는 사이 시간은 결국 예정된

폭파 당일이 되어버렸다.
현장이 조용하다.
특히 에이치가 너무 조용하다. 그래서 뭔가 불길하다.
그는 한참을 그렇게 구석에 앉아 있었다.
어렵게 결정을 내렸는지 무겁게 몸뚱이를 일으키고 저.벅.저.벅. 걸어가면서 이렇게 말한다.
"아이들을 데려오세요."

이 말이 끝나기 무섭게 요원들이 권총에 손을 가져간다. 바로 꺼낼 기세로 에이치를 압박하지만, 벌써 유수프의 아이들은 에이치의 손에 넘어가 버리고 에이치는 바들바들 떨면서 울고 있는 유수프의 아이들을 칭칭 묶고 있다.
유수프가 미쳐서 날뛴다.
흥분해서 자신을 묶고 있던 의자에 머리를 박고 의자와 함께 데굴데굴 구르면서 입으로는 거품을 뿜는다.
유수프가 절규한다.
"말려 줘. 제발 멈추게 해 줘."
당황한 요원들이 주춤하는 사이에 오히려 에이치는 안에서 문을 잠가버린다. 이러지도 저러지도 못하는 요원들이 경악하는 가운데 헬렌이 고함친다.
"이럴 순 없어요.
우린 인간이라고요.

그냥 폭탄이 터지게 내버려둬요."

"말할게. 제발, 내 아이들을 헤치지 못하게 해. 내가 핵폭탄이 있는 곳을 알려줄게."
유수프는 도시 이름을 댄다.
그러나 에이치는 유수프가 거짓말하고 있다고 말한다.
"없어진 핵물질이 8kg이니 핵폭탄은 3개일 수 없습니다. 4개입니다. 나는 이런 인간들을 믿지 않습니다."

다시 경찰차 사이렌이 요란하게 울린다.
이번에는 다른 도시에서도 동시에 사이렌이 울리고 있다.
다양한 제복의 사람들이 몰려있는 가운데 육중한 방호복을 입은 폭탄해체반 요원이 식은땀을 줄줄 흘리면서 폭탄을 마주하고 있다. 비 오듯 쏟아지는 땀을 닦아내며 폭탄을 계속 살펴보고 있다.
시간이 얼마나 지났을까?
"성공입니다. 폭탄을 해체했습니다."
드디어 각 도시에 있던 폭탄이 모두 해체됐다.
여기저기서 성공이라고 난리다. 함성을 지르고 얼싸안고 덩실덩실 춤을 추면서 서로의 등을 다독이는 중이다. 카메라도 흥겹게 이들과 함께 축제를 즐기는가 싶더니 갑자기 무심하게 뒤로 쭉… 빠진다. 그러더니 천천히 어딘가로 계속 가더니 꺼림칙하게 어두운 곳을 찾아가서는 그곳에 뚝 하고 멈춘다.

째깍째깍, 째깍째깍….
9, 8, 7, 6, 5, 4, 3, 2, 그리고 1.
펑.
폭탄이 터졌다.
에이치의 말이 맞았다. 폭탄이 하나 더 있었다.

영화를 보는 내내,
손가락 하나를 들고 누군가를 향해 비난할 수 있을 줄 알았다. 그러려고 했다.
그러나 그럴 수가 없었다.
다만,
이렇게 말했다.
"그렇지만, 결국 유수프 너는 테러범에 불과해."

<Unthinkable>, 2014

영화 '모리타니안'

"악마를 잡기 위해 스스로 악마가 되는 자가 있고, 악마를 잡기 위해 스스로 악마가 되지 않으려 노력하는 자가 있다."

풀 한 포기 보이지 않는 곳, 모래바람이 수풀처럼 일렁이는 곳, 그런 황량한 벌판에서 앳된 소년들이 고함을 지르면서 한창 축구하는 중이다.
"모하메드! 모하메드!"
그중 남달리 더 눈이 크고 깊은 소년이 목소리가 들려오는 쪽으로 고개를 돌린다. 자신을 부르는 소리이다.
더 놀고 싶지만, 가족의 부름에 터덜터덜 순응하고 만다.
"모하메드! 학교에서 연락이 왔는데, 네가 독일 학교에 장학생으로 뽑혔다고 해. 네가 우수한 학생이라고 한다."
이 소식을 들은 가족들은
"좋은 일이다. 고민할 일이 아니다"라며 모하메드의 유학을 독려하는 중이다.
그러나 모하메드 엄마의 표정은 많이 굳어있다. 독일 유학이 아들과의 잠시 이별이 아니고 왠지 영영 아들을 잃어버릴 것 같다는 두려움이 밀려든다.

때는 2001년 9·11테러 발발 직후이다.
주황색 죄수복을 입고 두 발은 쇠사슬에 묶이고 손도 쇠사슬에 묶인 채 그 남은 쇠줄로 허리를 감긴 죄수가 걸어오며 육중한 철문 앞에 멈춰 선다.
"손 내밀어!"
"뒤로 돌아!"
그의 몸을 감고 있던 쇠사슬이 철컥철컥 챠르르챠르르 메마르고 차가운 소리를 내며 벗겨지고 괴물 같은 철문이 '컹' 하고 닫히고서야 주황색 옷을 입은 죄수는 자신의 감방에 돌아왔다. 그의 작은 공간에 코란도 함께 하고 있다.

다시 쿵쾅쿵쾅 군홧발 소리가 점점 다가온다.
"760번 앞으로 나와."
다시 쇠사슬은 차르르차르르 그의 발을 묶고 소란스럽게 떠들면서 이곳과는 어울리지 않을 법한 밝은 페인트 문에 멈춘다.
그곳에는 무료 변론하는 인도주의 운동가 낸시 홀랜더와 동료 변호사 테리 덩컨이 그를 기다리고 있다.

낸시는 베트남전 이후부터 지금까지 정부를 상대로 싸우고 있으며 누구나 자신을 변호할 권리가 있다는 신념대로 무료 변론을 하면서 삶을 살아가는 중이다. 제아무리 흉악

범이라도 그들의 목소리를 듣는다.
이번에는 9·11테러 조직자 중 한 명이라는 혐의를 받는 죄수를 만나러 관타나모에 와 있다.

낯선 낸시와 테리 때문에 760번은 어리둥절하다.
"나는, 내 기소 내용을 모릅니다. 머리에 주머니 씌우고 사슬에 묶여서 여기에 온 것 말고 아는 게 없습니다."
말을 이어간다.
"한 번은 빈 라덴의 위성전화기에서 걸려 온 전화를 받았습니다. 전화한 사람은 제 사촌이었고 사촌의 아버지는 병을 치료하기 위해 돈이 필요했고 제가 대신 사촌에게서 돈을 받아서 어르신을 병원에 모시고 갔습니다. 저는 단지 빈 라덴의 전화기로 걸려 온 사촌의 전화를 받았을 뿐입니다."
낸시는 최대한 신뢰를 주기 위해 부드럽게 목소리를 낸다.
"당신의 진술이 더 필요해요. 당신의 얘기를 더 들려주세요."

철컥철컥 또다시 지옥문이 열린다.
"760번 손 내밀어."
쇠사슬이 챠르르챠르르 이번에는 그의 손을 묶고 종종 걸어서 또 다른 색 페인트 문 앞에 멈춘다.
그곳에는 사복 입은 심문관들이 있다.
사복 심문관들의 표정이 심란하다.

"이 빵은 우리가 주는 마지막 빵이야. 곧 군사정보부에서 사람들이 올 텐데 그들은 우리처럼 친절하지 않아…"
그 말이 끝나기 무섭게 문이 덜컹 열리고 갑자기 방안이 얼룩덜룩한 제복 입은 사람들로 가득 채워진다. 그들에게는 주황색 옷을 두른 사람의 신분과 존재에는 관심이 없는 양 760번의 팔목에 감겨있는 띠를 우악스럽게 가위로 싹둑 잘라버리고, 파랗게 질린 760번의 머리에 검은 복면을 씌워 양쪽에서 양팔을 잡고는 거세게 저항하는 760번을 질질 끌고 간다. 이 모든 행동이 일사천리다.

온통 하얀 방이다.
누런 서류 박스가 천장까지 높다랗게 쌓여있다.
달걀로 바위 치기처럼 가능성이 절대 희박했으나, 낸시와 테리는 결국 정부를 상대로 한 소송해서 모하메드에 관련한 극비 서류까지도 열람할 수 있다는 허가를 받아내고야 말았다.
다시 만난 담당 공무원의 불퉁한 불친절도 낸시와 테리는 농으로 넘길 만큼 한껏 고무되어 있다.
테리가 모하메드의 서류를 찬찬히 읽어나간다. 화창한 봄날에 갑자기 먹구름이 끼면 이런 모습일까? 테리의 얼굴이 점점 일그러지고 있다.
테리가 고함친다.

"이 자식 유죄예요. 자백했어요. 싹 다 자백했어요. 우리한테 거짓말했어요."
테리는 화를 주체하지 못하고 결국 그 방을 나가버린다.
낸시는 당황하지 않고 테리를 화나게 했던 서류를 찬찬히 읽어나가고, 그 서류에서 모하메드의 서명을 보게 된다.
낸시는 모하메드를 만나야 했다.

낸시를 본 모하메드는 싱글벙글 히죽거린다.
"모하메드! 자백했어요?"
"아니에요.(당황)"
"서류에 서명도 있어요."
"아니에요.(절박) 강압 때문에 자백한 거예요…. 그건 그냥 판타지에 불과해요."
"강압이 있었어요?"

축축하고 어둑한 방이다.
얼굴에 동물 형상 가면을 쓴 사람들이 있고 그들은 760번을 향해 소리를 지르고 있다.
760번은 몸을 반으로 접어 스트레스 자세를 하고 있다.
시각을 공격당하고 있다.
청각을 공격당하고 있다.
성적 수치심을 유발하고 배에 태워 복면을 쓴 채 바닷물에 머리를 박아 익사 경험을 유발한다.

급기야는…

"760번, 네 어머니가 관타나모에 구금됐어. 남자밖에 없는 이곳에서 네 어머니가 괜찮을까?"

760번의 눈에서 영혼이 빠져나간다.

"자백할게요."

낸시는 정부 쪽 검찰 중령을 찾아가고 가혹행위로 받은 자백은 무효라고 주장한다. 검찰 중령은 자신의 결론에 하나의 오류도 용납할 수 없다며 정부 쪽 인사들과 언쟁을 불사하고라도 MFR 서류 열람 자격을 받아낸다.

그 서류에는 가혹행위가 담긴 '70일 플랜'이 적혀있었고 법적 효력은 없지만 760번이 두 번이나 거짓말 탐지기도 통과했다는 기록도 있었다.

760번의 사형 선고가 목표였던 검찰 중령은 배신자라는 낙인에도 불구하고 양심을 선언하고 결국 이 재판에서 빠진다.

2009년 12월 14일 드디어 성사된 모하메드의 재판.

"오른손을 들고 따라 하세요. 나."

"나."

"이름을 대세요."

"이름을 대세요. 아… 모하메드 울드 슬라히는 진실만을 말할 것을 엄숙하게 맹세합니다."

세상일이 동화는 아니라서,
미국 정부의 항소로 즉각 석방은 되지 않고 몇 년 더 관타나모에 구금되고 이후 풀려난다.
영화의 마지막에서 760번은 최종 변론 중의 한 대목에서 자신이 나고 자란 고향에 대해 들려준다.
자기 고향 사람들은 자신의 경찰을 믿지 않으며 그들의 법은 얼마나 부패했는지, 또한 정부는 공포로 자신들을 지배하는 곳이라고 얘기한다.
그러다 그는 10대 때, 독일로 건너가 경찰을 두려워하지 않는 곳이 있다는 것을 알았고, 법이 국민을 지켜준다고 믿고 있는 사람들이 사는 곳이 있다는 걸 처음 알았다고 얘기한다.
그리고 이렇게 말한다.
"제 자신에게 미국은 그러한 곳입니다. 정의가 살아있는 곳이었습니다. 재판도 없이 8년간이나 수감될 줄은 한순간도 의심한 적이 없었습니다. 미합중국이 공포와 두려움을 이용해 나를 통제할 줄은 몰랐습니다."
말을 이어간다.
"날 가둔 사람들은 내가 죄가 없는데도 날 용서하지 못합니다. 그러나 나는 그들을 용서하렵니다. 나는 그들을 용서하고 싶습니다."

760번 모하메드의 말에 의하면 아랍어에는 '자유'와 '용서'가 한 단어로 이루어져 있다고 한다.
우리의 성경에도 용서는 7번을 70번이라도 하라고 하신 예수님의 말씀이 기록되어 있다.
이런 생각이 들었다.
우리가 그동안 이 말씀을 잘못 사용한 건 아닐까?
혹, 예수님은 피해자에게 자유를 주고 싶으셨던 건 아닐까?
"그만 아파해라, 이제 더 아프지 마라, 네 인생을 자유롭게 훨훨 날아라."
이 말씀을 하고 계신 건 아닐까?
우리는, 너무 간단하게 '용서'라는 말을 뱉으면서 누군가의 상처에 또 다른 상처를 내고 있지 않았나? 용서는 제삼자가 아닌, 피해자 몫인데 말이다.

우리 너무 잔인하다.

<The Mauritanian>, 2021

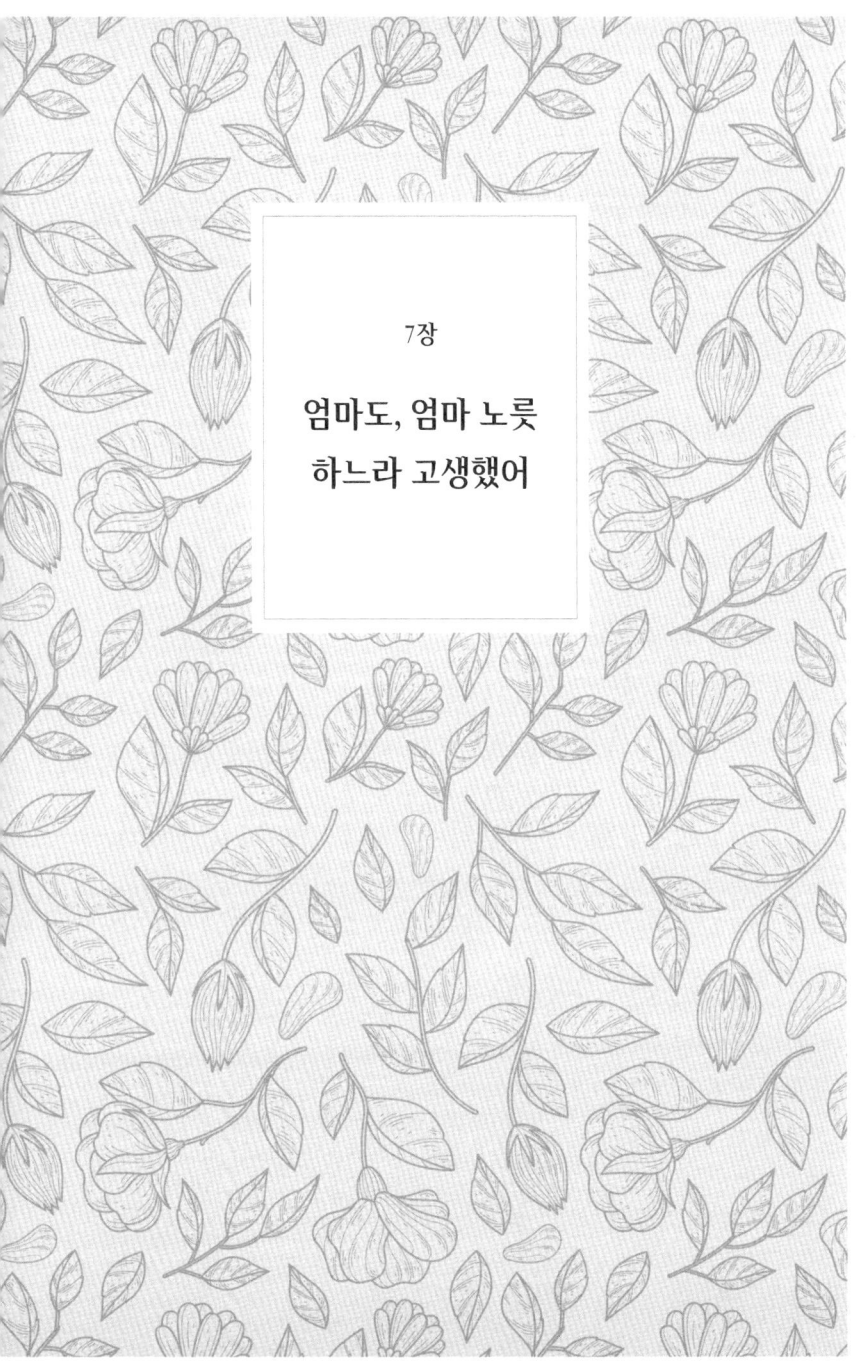

7장

엄마도, 엄마 노릇 하느라 고생했어

"엄마, 결혼기념일 알아?"

"신랑이 왔다고 하더라. 멀리서 보니 아버지가 산에 올라가고 있길래 봤는디 아이고야, 아주 잘 생겼더라."

엄마는 20살도 채 안 된 나이에 시집을 왔다.
언젠가는 결혼 날짜를 아냐고 여쭤봤더니
"그런 걸 아냐…. 니 아버지는 말 타고 엄마는 꽃가마 탔지. 꽃가마가 한참을 가더라. 슬쩍 밖을 내다봤더니 아주 온통 눈이 하얗게 왔더라."
추운 겨울이라는 것만 확실하다.
엄마의 시집살이는 시집오는 그날처럼 그렇게 추웠다.
누구랑 다투고 누구의 미움을 받아서라기보다
친정이 워낙 어려워서 입 하나 덜겠다고 쫓기듯 온 시집인지라 얼마나 주눅 들고 기가 죽어서 시집살이를 했겠는가.
무슨 설명이 필요할까?
엄마는 묵묵히 일만 했다.
일하고
일하고
또, 일만 했다.
할아버지는 집안의 일을 머슴에게만 맡길 수 없다면서

군대에 있는 아버지를 불러들였고 집안의 남자 일을 아버지가 도맡아 하셨으니 당연, 여자의 일은 엄마 몫으로 떨어졌다.

누구나 기억하기를 우리 엄마는 늘 웃었다고 한다. 나도 그렇게 기억한다.

불평불만 한 번 안 하고 묵묵히 시집살이를 감당했다.

겉으로 표현도 안 하고

돌이켜 보니

속의 한을 이렇게 표현했나 보다.

"부엌에 들어 오지 마라, 쳐다도 보지 마라, 일도 배우지 마라, 일 잘하면 일복만 터진다."

"엄마도, 엄마 노릇 하느라 고생했어"

요즘 부쩍 엄마에게서 땀 냄새가 난다.
아버지가 가시고 난 후 엄마에게서 나타나는 신체적인 변화이다.
엄마가 그런다.
"속에서 불이 난다."

목욕하자고 하니 또 하냐고 묻지만,
침대에서 몸을 일으킨다.
워낙 냄새에 민감하기에 당신의 몸에서 나는 땀 냄새가 불편하던 차였으리.
참 순하게 말을 잘도 듣는다.
"팔 들고, 허리 펴고, 손, 다리 닦고, 물 내려갈게, 엉덩이 들고, 자 다시, 아직 더, 너무 힘들어?"
우여곡절 끝에 목욕을 마치고
좋아하는 영양크림도 바르고
반짝반짝 산뜻하게 향기 나는 엄마 얼굴에 뽀뽀 세례를 퍼붓고.

"애썼다."
"엄마도 애썼어."
"딸 노릇 하느라고 고생했다."
"엄마도, 엄마 노릇 하느라고 고생했어."

아버지 승

니 아버지가 요즘 하도 나한테 핀잔을 주잖냐.
하루는 엄마가 날을 잡았다.
푸짐하게 먹이고 나서 물어 볼라고.
니 아버지를 아주 작신(잔뜩) 먹였다.
나봐, 당신 나한테 왜 그라유?
하고 따질라고 했지.
아 근디 니 아버지가 말이다.

"미안해. 미안해. 미안해."

아니, 말 시작도 안 했는디 계속 미안해 미안해 하잖냐.
연신 미안하다고 하는디
엄마가 더는 못 따지것더라.
그래서 말었다.

기다리고 또 기다리고

저렇게 많이 아파도 되나?
저렇게 외로워도 되나?
저렇게 많이 아픈데 그냥 아프고 있고,
인기척 하나 없는 깜깜한 방에 혼자 누워 시계 숫자만 보고 있단다.

밤이 되면 낮이 오기를 눈이 빠지게 기다리다가도 막상 낮이 오면 또 눈이 아프게 밤을 기다린다고 한다.
아침이 되면 요양보호사를 기다리고,
점심때가 지나고,
저녁때가 되면,
엄니 저녁 밥상 차린다고 찾아오는 큰아들을 기다린단다.
월요일이 가고 수요일이 가고
"얘가 올 텐데…"
주중에는 엄마 먹거리 싸 들고 오는 막내딸을 기다리고
"여전히 얘는 바쁜가?"
여느 주말에는 환상의 밥상을 차려주는 큰딸을 기다리고 있단다.
사정이 생겨 일주일을 거르고 시골을 방문하면 우리 엄마 이렇게 어리광한다.

"아이고, 얘야. 너 기다리다가 엄마 눈이 빠졌어야."

"에궁. 그래? 쏙 다시 넣어야지. 짜잔. 됐지? ^^"

원통하다…

"얘들아, 오늘 일찍 가라. 너무 오래 있었다."

엄마가 불안하다.
1박을 한 것뿐인데
엄마는 불안하다.
당신의 만족보다 딸들이 책임져야 할 가족에게 더 미안한가 보다.
늙고 병들면 마음도 따라간다는데
아니, 그래도 되는데…

"엄마, 알았어. 점심만 먹고 갈게."
"그랴."
아직 더위가 기승을 부리지만,
언니와 나는 열정적으로 두시럭(부산)을 떨었다.
혼자 누워만 있는 엄마에게 좀 더 상쾌한 공간을 주고 싶었다.
푸른 잎이 바닥을 뚫을 기세로 쭉 뻗어있는 화초를 방에 들이고
새빨갛게 물든 꽃도 들이고

혹,
이러면 동네 아주머니들이 더 자주 오실까? 의자 세 개를 거실에 죽 늘이고
그리고
해가 드는 창가 옆에 엄마 의료기 침대를 옮기니

"여기가 티비가 잘 보인다."
"그치? ^^"

이젠 어렵다.
우리가 가면 텅 빈 방에 혼자 누워있을 엄마 때문에 간다고 말하는 게 어렵다.
"엄마, 갈게."
"그랴."
뽀뽀를 하고
아쉬워서 또,
눈물이 고여서 또,
애달파서 또 뽀뽀를 하지만 계속 허하다.
이젠 정말
"엄마, 갈게."
"원통하다…. 니들을 못 봐서…"

엄마의 나들이

엄마의 컨디션은 시시각각으로 변화무쌍하다.
좀 전까지 샤워도 못 할 정도로 아프다고 하셨는데.

"수정아, 엄마 샤워해 볼까?"
"그치."

언니와 나 그리고 깨끗하게 꽃단장한 엄마와 함께 나들이 가요.
노인정에 모여 계시는 동네 어른들 만나 반갑다고 박수 환영도 받고
마을 교회 마당도 들어가 옛날 얘기하며 소나무 자태에 감탄도 하고
조카가 하는 카페에 가서는 달달한 미숫가루에 목도 축이고
나온 김에 엄마 친정 근처도 가볼까 싶지만,
과유불급이라…. 그만 하고 집으로 향했다.

차에서 내리며
그냥, 아니면 말고 싶은 심정으로
"엄마, 상예네 아줌마한테 가볼까?"

"그랴."
똑똑
재밌게 똑똑
장난기 있게 똑똑
신나서 똑똑
속으로는 우리가 누구게? 하며
한껏 들떠서 유리문을 두드렸다.
문이 열리고 안에 계시던 아주머니와 상예의 눈이 휘둥그레하다.
"아이고 형님!"
"아이고 동생!"
걷지 못하는 동생과 거동이 어려운 형님은 몇 번 영상으로 통화하며 다음에는 꼭 만나서 얼굴 보자고 약속했던 터이다.

"형님, 제 나이가 형님보다 두 살 위여요. 서방님이 우리집 양반보다 더 나이가 많아서 형님이잖아요."
"자네가 92인가?"
"아이고, 우리 형님 총기가 여전하시네."
"동생은 그래도 얼굴이 좋구만."
"형님은 그래도 걷기라도 하네요."
"형님, 우리가 왜 이렇게 됐대요?"
"그러게 말여. 좋은 시절 다 갔구만."

친정 가는 길

가마 타고 시집오던 길,
오늘은 자동차 타고 친정 간다.
기저귀를 대신할 팬티를 입어보고
슬쩍 들뜨는가?
"편하다. 어쩜 이리도 좋냐?"
좋은 세상이라고.
작은 키가
앉은키는 더 작아
늘려도 별반 다르지 않건만,
애써 키를 늘려 창밖을 자꾸만 흘깃한다.
얼마 만인가, 친정 가는 길.
어린 신부가 이 길을 지나왔으리.
막내딸은 감정이 울렁울렁하다.
"백석학교냐? 이 길로 하나는 업고 하나는 걸려서 친정 갔다."
옛날 얘기를 듣는 동안
차는 열심히도 달려 곧, 익숙한 집 앞에 멈춰섰다.
대문 입구도 보고
건너 이웃집도 보고
그치만, 왠일인지 자세히 들여다보고 있자니 점점 낯설다.

미동도 없이 엄마가 조용하다.
"그냥 가자."
고 엄마가 말한다.
누가 볼까?
급히 차를 돌려 작은 다리 앞에 잠시 멈췄다.
봉숭아 무리가 가득하다.
분홍으로, 빨강으로, 하얗게도 알차게 고개를 치켜들고 있길래
이놈도 저놈도 똑똑 따서 비닐에 가득 담아
뭐, 이것도 도둑질인가?
주변 한 번 살피고.
기대와 다른 외갓집 나들이에 마음이 허하고
작고 예쁜 봉숭아꽃 도둑질에 크게 한 번 웃고
어릴 적 외갓집 나들이의 신난 기억으로 오늘의 아쉬움을 대신한다.

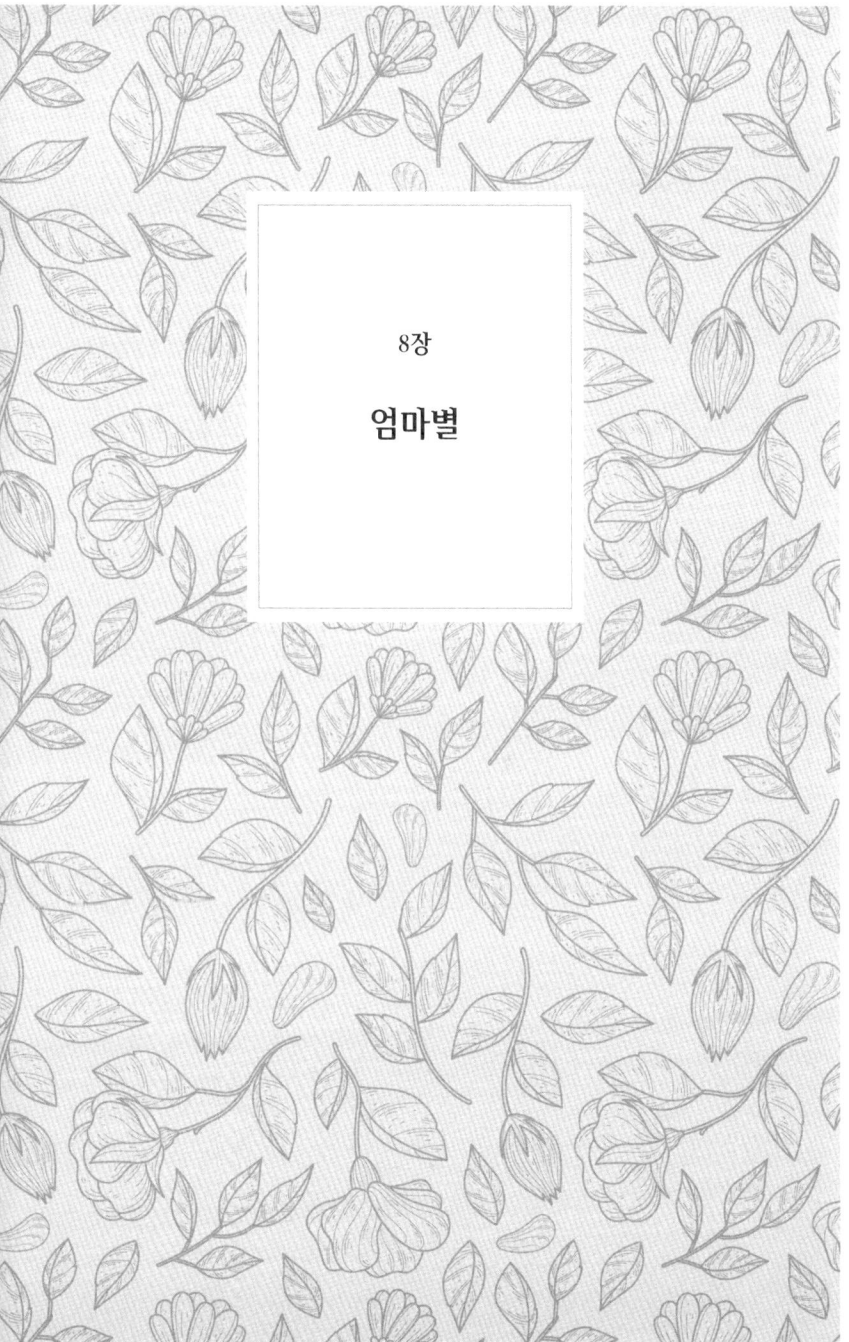

8장

엄마별

그랴,

"엄마 10년만 더 살아."

"아이고야, 이렇게 아픈디?"

"그럼 2년만 더 살아."

"그랴. 엄마가 2년은 어떻게 해볼게."

무제

엄마 보고 왔는데 왜? 슬프지?
"오늘도 잘 넘겼다."
이 말 때문인가?

목단

시골집 마당에는 목단이라는 이름으로 불리는 꽃이 있지.
나, 10대 때도 있었고,
메리가 꼬리 치며 마당을 뛰어다닐 때도 있었고,
우리 애들 아장아장 걸어 다닐 때도 목단은 그 자리에 있었지.
그 해도 역시나
목단이 활짝 피어있었어.
주인공은 목단이고 우리는 행인쯤 되려나.
엄마랑 찍고,
아버지랑 찍고,
작은언니랑 찍고,
나랑 애들이랑 찍고, 우리 다 같이 찍고
무뚝뚝 아버지가 꽃을 들고 사진 찍는 모습에 얼마나 배꼽 빠지게 웃었던지.

목단은 하나 변한 게 없는데…
이제
우리 시골집은 많은 게 변했어.
아마…

올해부터는,
어쩌면…
때맞춰 너를 반겨줄 가족이 없을 거야.
이제 시골집에는 누구의, 누군가의 삶도 없이 됐거든.

목단아!
나와 함께
우리 집에 가자.

너의 이름이 성민이구나!

피부가 하얗고. 눈썹은 짙고, 짧은 상고머리는 마침 얼마 전에 깎아놓은 잔디처럼 푸릇푸릇 하기도…

병실에 들어서는 순간 곁눈으로 보이는 낯선 실루엣이 있었고. 그러나 굳이 관심을 두지 않았고. 마음속으로만
'누군가도 많이 아프구나. 그래 이곳은 요양병원이니까…'
이것저것 요리조리… 다른 사람의 인생에 이토록 애정이 많은 우리 언니가 기어코 그 환자에게 관심을 돌렸나 보다. 잠시 후 격앙된 목소리가 들려온다.
"22살이야."
그 말에 일제히 우리는, 그러나 아주 조용하게 몸을 스…륵 옆으로 밀어 그 환자에게 시선을 돌렸다.
아!
뜻밖에 예기치 않은 광경을 마주하게 되고 말았다.
온몸이 뒤틀려있는 게 아닌가!
목은 옆으로 꺾여 있었고, 양팔은 만세를 하고, 그 팔에는 아주 작은 아기의 손이 서로 손가락을 맞대고 있고, 이불 속에는 작은 하체가 꼭꼭 숨어있더라.

듣기로 병명이 뇌성마비란다.
그리고 우리는 또 한 번 놀란다.
"어떻게 저렇게 예쁘지?"
새하얀 피부가 옥처럼 빛이 나고 그 큰 눈을 이리도 가고 저리도 가고 꿈뻑꿈뻑 우리와 눈도 맞추고 그 갸름한 얼굴에는 두 개의 해님이 반짝반짝 빛을 쏘고 있는 게 아닌가!
'아, 눈빛이 천사다.'

병실에 들어서는 순간부터 아이는 내내 울고 있었다. 쉬지 않고 계속 울었다. 글쎄 운다는 말이 맞을까? 내 나이 50 중반을 넘기고 지금까지도 그런 울음소리는 들어보지 못했다.
그래, 운다고 하니 우는 것이겠지. 그러나 내 귀에는,
아이야, 미안하다…. 처음 너의 울음소리를 듣고 기괴하다고 생각했다.

"성민아! 왜? 울어?"
간호사의 말이다.

'그래, 너의 이름이 성민이구나!'
나도 엄마라서 성민이의 부모가 생각나요.
나도 엄마라서 22년 동안을 지금처럼 그렇게 내내 아팠을

성민이가 내 안의 모성애를 콕콕 찔러요.
그래서 이렇게 원망했어요.
"주님, 이 아이를 어찌하면 좋아요? 하나님, 이 아이 어떡해요?"

나는, 길을 잃었다

'이 길만이 최선이고, 이게 정답이야.' 라고
생각했던 선택에 대해 돌이키고 싶다는 후회가 들어오는
순간은 너무도 비통스럽다. 시간을 돌리고 싶다는 생각이
엄습하는 순간 머리에서는 찌릿찌릿 쥐가 나기 시작한다.
후회라는 게 이렇게까지 큰 고통이라니…

엄마는 오래 아팠다. 그래도 늘 감사하다고 생각한 건 화장실만은 걸어서든 워커에 의지해서든 스스로 자신을 돌볼 수가 있었다. 하지만,
점점 병색이 짙어지는 엄마는 결국 화장실을 걸어서 갈 수 없게 되었다.
이후 엄마 곁에서는 늘 지린내가 났고, 갈수록 지린내는 더 독해져만 갔다.
엄마를 요양병원에 모셨다.
나의 원대한 계획은 욕창이 깨끗하게 치료되는 대로 바로 요양원으로 모시는 것이었다. 주변에서 그 요양원이 좋다고 칭찬이 자자하다. 예쁜 옷도 사고, 양말도 사고, 외출용 스카프도 사고, 엄마가 좋아하는 밝은 외투도 사고, 면 내의도 골라서 잘 개켜 가방 안에 넣어놨다.

일요일 이른 아침,
언니의 전화다.
"엄마가 위독하다. 병원에서 가족들 얼른 오란다."

엄마가 숨을 몰아쉰다. 다급하게 몰아쉰다.
짧고 급하게 몰아쉬고 산소포화도는 90선을 이탈하고 엄마를 보고 기계 덩어리를 번갈아 보면서
내가 무슨 짓을 한 거지?
내가 엄마를 아프게 한 거야?
나 때문에 엄마가 고통받는 거야?
할 수 있다면, 시간을 되돌리고 싶다.

'그때 집으로 왔어야 해. 병원으로 가는 발길을 집으로 돌렸어야 했어. 아니, 욕창이 완치됐을 때가 기회였어. 그때 집으로 왔어야 했어.'
생각이 생각을 붙들고, 이전 생각이 다음 생각을 삼켜버리고, 생각이 머리를 잡고 놓아주지 않는다. 머리가 터질 듯이 뻐근하다. 앙상한 엄마의 갈비뼈가 바쁘게 움직일 때마다 내 안의 피는 바짝바짝 타들어 가고 있다. 머리에서 쥐가 난다.

혼수상태에서도 간혹 눈을 뜨면 얼른 다가가 얼굴을 들이

밀고

엄마는 이쪽저쪽 시선을 맞추고

그때 엄마의 눈이 이렇게 말하는 것이다.

'막내딸아, 내 아가야, 네가 어찌 엄마를 아프게 하냐?'

나는, 길을 잃었다.

이렇게 헤어질 수는 없다

"엄마가 똥을 싸서 여기저기 다 묻혔나 봐요. 오빠가 엄마 씻기고, 거실 바닥도 닦고, 침대도 닦고, 구석구석 다 닦고… 이불을 화장실에 담가 놔서 제가 알았어요."
"아…. 예…."
요양보호사가 전하는 말이다.
심장만 '쿵' 하고 떨어지고 달리 할 말이 없어 고개만 떨구고 있는데 난데없이 눈물이 '뚬벙' 하고 떨어진다.

엄마는 그렇게 거동이 불편해도 오빠가 있으면 꼭 화장실에 가서 볼일을 보셨다. 워커를 힘겹게 끌지라도 침대 옆에 있는 이동변기를 절대 사용하지 않았다.
나는 안다.
엄마는 마지막 자존심을 지키고 싶은 것이다.
오빠는 늘 시선을 피했고 애써 피했다. 그 마음도 잘 안다. 오랫동안 두 사람의 마음을 알고 있었기에 서로의 자존심만은 지켜주고 싶다고 소망하고 있었는데…. 오늘 엄마와 오빠의 바람을 지켜주지 못했다. 할 수 있는 게 없어서, 설움 많은 인생사가 고약해서 그냥 울어버렸다.
그 이후 시골 방문할 때마다 요양보호사의 걱정이 더 늘고 있다.
"엄마가 식사를 힘들어하세요. 또 변 조절을 못하셨어요. 또 오빠가 치웠어요. 주중이면 내가 하겠는데…. 휴일에 실수를 하시니 자꾸만 오빠가 하게 돼요."
"아…. 예…."

나른한 토요일 요양보호사의 긴급한 전화가 온다.
"엄마가 너무 아프세요. 또 넘어지셨어요. 통증을 참기가 너무 힘든가 봐요."

내 숨통이 점점 조여온다. 숨이 가쁘다. 숨을 쉴 수가 없다. 엄마가 아프다는 말을 들을 때마다 내 이마는 벽을 박는 듯한 고통을 느낀다.
바쁘게 시골에 간다.
병원에 가자는 말로 실랑이가 한창이다. 급기야 안 아프니 안 갈 거라고 한다.
내가 큰소리로 말한다.
"아니, 병원 갈 거야."
그 단호함이 어디서 나왔는지…, 지금도 알 수가 없다.
돌이켜보면 진즉 단호했더라면? 좀 더 엄마가 건강할 때 억지로라도 병원에도 가보고 요양원도 가보고 했더라면?
문득문득 또 자책한다.

그날 욕창 치료 목적으로 요양병원에 잠시 입원하셨고 이때부터 나는 큰 계획을 세웠다.
'요양원에 엄마를 모셔야겠다. 사는 동안 제대로 된 보살핌을 받게 해야겠다.'

치료가 끝났으니 집에 가겠다는 엄마를 설득 중이다.
"엄마, 내가 엄마에게 해롭게 안 하잖아. 엄마 나 믿어봐. 요양원에 있어 보고 그래도 싫으면 그때는 집으로 올게."
엄마는
"그랴 한 번 가보자."
요양원에 며칠 계시고 엄마는 이런 말도 하셨단다.
"세상 좋다!"
그치만,
엄마는 이주일도 못 채우고 폐렴으로 요양병원에 입원하고 말았다.
흡인성이란다. 기도가 제 기능을 하지 못해 음식물 섭취가 불가하단다.
요양병원에 입원하고 큰 고비를 넘겼지만,
이후 다시 고비가 온 후부터 엄마가 나를 외면한다.
아무도 몰라도 나는 안다. 엄마의 그런 눈빛을 50이 넘어도 본 적이 없기에 엄마가 나를 거부하고 있음을 내 눈이 보고 있고, 내 몸이 알아차리고 있고, 내 마음이 아파하고 있다.

일요일에 병문안 간 날이다.
"엄마를 왜? 여기에 갖다 놨냐? 엄마가 뭘 그렇게 잘못했냐? 생으로 죽을란다."
어떤 대꾸도 하지 못했다.

하루가 지나고 또 하루가 지나고
엄마에게 가야만 했다. 듣든 안 듣든, 알아듣든 못 알아듣든…, 아픈 엄마에게 내 속의 말을 해야만 했다.

엄마와 이렇게 헤어질 수는 없다.

엄마의 숨은 헐떡이고 정신은 혼미하고
그럼에도 엄마 손을 잡고 내 말을 하기 시작한다.
"엄마! 똥 묻은 이불 깔고 있는 게 좋아? 똥 묻은 이불 덮고 있는 게 좋아? 엄마가 혼자 있다가 죽으면 어떡해? 나 무서워. 엄마가 혼자 있다가 죽을까 봐 나는 그게 제일 무서워. 엄마가 그렇게 가면 남은 나는 어떻게 살아? 나, 못 살아…"
엄마는 눈을 감고 있고 나는 계속 혼잣말을 했다.

엄마가 몇 번의 고비를 더 넘기는 동안
나는,

엄마 곁을 가지 않았다. 아니, 가지 못했다. 그 눈빛을 더 만나게 되면 나는 가루가 되어 부서져 버릴 것만 같았다. 엄마가 눈을 뜨고 이리저리 눈동자를 돌려도 멀찌감치 바라봤다. 언니랑 오빠가 엄마에게 다가가도 나는 가지 않았다. 멀리 떨어져서 바라보기만 했다.
엄마가 누군가를 찾는 듯 보인다. 슬그머니 다가간다.
"수정이 왔냐?"
"어…, 엄마!"
내 눈에서 눈물이 방울방울 떨어져 마스크 속으로 사라진다. 그래도 엄마에게서 눈을 떼지 않고 눈을 맞췄고 엄마 눈이 촉촉하게 적셔지고 가냘픈 눈꼬리를 적시고 있다.
엄마 손을 꼭 잡고 잠시 손을 놓으니 엄마가 내 손을 꼬옥 잡는다. 이제는 절대 다시는 이 손을 놓지 않겠노라고 다짐하는 것 같다.

간호사가 엄마 곁으로 다가온다.
"아유. 할머니, 눈이 건조해요? 왜 이렇게 눈물이 났어요."

호박전을 우걱우걱 씹고

사소한 일상인 것들이…, 어렵다.

신랑이 전도 사고, 국도 사고, 갈비찜도 사고, 갖가지 나물 반찬도 사서 저녁 식탁에 죽 늘어놓는다.
미안하지만,
오늘도 아무 말 없이 식탁에 앉는다.
갈비찜 맛이 어떠냐고 묻지만,
식도까지 차오른 눈물이 고기를 삼킬 수 없게 한다.
"내 입에는 안 맞네."

호박전을 우걱우걱 씹고
다시 또 호박전을 가져와서 입에 넣고
천장 한 번 바라보고 식탁에 시선을 얹고 다시 천장으로 시선을 돌리고…
말릴 새도 없이
금세 차오른 눈물이 우두둑 떨어진다.
콩나물무침을,
가지나물을,
호박 나물을 부지런히 집어서 입에 넣고 열심히 씹는다.
식사를 마칠 때까지 모두 말이 없다.

우리 엄마 잘 가고 있겠지?

요즘 새로운 습관이 하나 늘었다.
아침 햇살에 눈을 뜨고 이부자리를 털고 일어나기 전에 이렇게 기도한다.
'나에게 남은 날 중의 하루가 지나갑니다. 이 하루가 소중합니다.'

몇 년 새 이런저런 경험을 하고 나니 하루라는 시간이 반복되고 있지만 늘 똑같지 않은 모습으로 우리를 찾아오고 있다는 것을 새삼 자각하게 된 것이다.
이제
내 나이가
누구에게는 적은 나이겠고,
그렇지만 누군가에게는 충분히 많은 나이가 되었구나! 생각하고 있다.
그동안 부지런히 채우고 있었다는 걸 알게 되고 이제는 내 남은 날이 소비의 시간대로 돌아섰다는 걸 누군가 와서 속삭인 거 같다고 한참 착각하는 중이다. 엄마일까? 글쎄. 그냥 그렇게 믿고 싶다.

내가 자랄 때 엄마가 종종 이런 말을 들려주시고는 했다.
"누구나 마음의 신이 있다. 애야, 말을 아껴라. 말이 씨가 된다."
그리고
'마지막'이라는 말을 정말 많이 싫어하셨다.
종종 하지 말라고 하셨어도 지금의 충격으로 그러시는 거겠지라고만 생각해서 딱히 진지하게 듣지는 않았었다.
그날도 습관 따라,
"아니, 엄마, 마지막으로," 했다가 어찌나 단단히 꾸지람을 들었던지 바로 뇌에 박혀서 '마지막'이라는 말을 회피하게 되었다.
물론 여기에는 사연이 있다.
이웃하는 집안에 아들이 여행을 계획하면서
'이번 방학을 마지막으로 놀다 오려고요.'라고 했는데
정말 마지막이 되어버린 것이다.
그 사연 이후 엄마에게는 '마지막'이라는 말이 금기어가 되어버렸다.

엄마 때문에 생겨난 재미난 기억도 있다.
며칠 전부터는,
이 생각 때문에 혼자 피식피식 웃는 중이다.
"수정아, 니 엄마가 말이다. 나랑 밤마실 댕겨오는디… 아

글쎄 교회에 다 못 가서 길바닥에 누가 누워있지 않냐…. 멀리서 보니 당췌 무슨 일인지 알 수가 있어야지. 근디 말이다. 갑자기 니 엄마가 젖먹이인 너를 나한테 떡하니 맡기더니 냅다 달리기 시작하는디…. 아이고야 나는 웃겨서 배를 잡고 웃었다."

이 얘기는 엄마를 웃게 하고, 아줌마도 웃고, 나도 웃었다. 아줌마는 나와 함께 있으면 늘 이 얘기를 까먹지도 않고 그렇게나 열심히 우리 엄마를 놀리고는 하셨다.
"아이고, 무섭다고 딸도 버리고 가면 어쩐댜?"
"잉? 엄마, 진짜?"
"아이고! 아닌디…. 무슨 일인지 얼른 사람들 부르려고 달려간 건디…"

우리 엄마 무진장 겁 많은데……

전화벨

예배 마치고 집에 가는 길에 전화벨이 울린다.
'아, 엄마가 위독한가 보다…'
화들짝 놀라서 전화를 집는 순간 누군가 내 귀에 속삭인다.
'이제는…, 엄마가 위독하다고 전화 올 일이 없어…'

꽃길

엄마랑 이별할 때
그 좋아하는 꽃길만 걸으라고 했다.
외할머니도 만나고 외할아버지도 만나고 너무 일찍 헤어진 어린 두 아들도 만나고
엄마 먼저 가서
예쁜 집도 짓고, 감자도 심고, 고추도 심고, 깨도 심고, 콩도 심고…
밭매는 거 좋아하던 우리 엄마 맘껏 하고 싶은 거 다 하라고 했다.
우리 엄마 너무 바쁘다…

바람아!

엄마 체취가 남은 옷 하나 들고 왔다.
빨간 외투 하나 달랑 들고
나 사는 동안 옆에 끼고 가야지.
퀴퀴한 냄새는 세탁기에게 맡기고
남은 날을 위해 건조기에게 부탁하고
베란다 빨래 건조대에 걸어놓으니 살랑살랑 바람이 찾아와 어화둥둥 업고 논다.

심연의 그리움을 깨울라…, 잠시 망설이지만,
어찌하리…, 엄마옷에 코를 박는다.
내 속에 샘물이 요동치고
울면 안 되지.
슬퍼해도 안 되지.
안 되지.
이제 엄마는 아프지 않아.

엄마별

이제 아프지 않아서 다행이다.
앞으로 아플 일이 없어서 더욱 다행이다.
그러니
슬퍼하지 마라.
쌓이고 쌓이다가 어느 날 화산이 폭발하거든…, 그때 있는 힘껏 울어보자.

딸의 기도
엄마를 부탁드려요

호박전을 무척이나 좋아하세요. 꼭 노지에서 태양이 키운 호박이어야 해요. 훌쩍 자란 호박은 단맛도 덜하고 비린 맛도 나고. 엄마는 금방 알아차려요.
집의 울타리는 배나무여도 좋을 것 같아요. 그럴 일은 없겠지만, 혹 저희를 잊을까 싶어 우리와 함께 자랐던 배나무였으면 좋겠어요.
꽃을 무척이나 좋아하시니,
이것저것 가지각색 꽃을 심어주시고
특히나 목단꽃을 빼먹으시면 안 돼요.

늘 가슴이 답답하다 답답하다.
버릇처럼 말씀하셨으니…

하고 싶은 말 다 하라고 하세요.
참지 말라고 하시고
속에 담지도 말고
싫은 거 하지도 말고
미운 거 밉다고 말하라고 하시고
화가 나면 얼굴을 찡그리고 크게 소리치라고 하세요.

엄마가 집에 있게 하지 마세요.
나가라고 하세요. 어디든 밖으로 나가라고 하세요.
잘 닦인 길도 걸어보고
그곳에 즐비하게 서 있는 나무도 만져보고
구름도 올려다보고
맨발로 흙도 밟고
길 가다 동무를 만나면 더욱 좋고
아침에 떠오르는 태양도 만나보고
풀잎의 이슬에게 말도 걸어보고
이젠 더 이상 집에만 누워있게 하지 마세요.

하나만 더.
꽃향기가 코끝을 스치걸랑
작은 바람이 내 뺨을 어루만지고 지나가걸랑
내가 보고 싶어, 엄마가 나를 보고 가는구나!
생각할게요.